MW01197037

DR. MYLES MUNROE

PRÓLOGO POR JOHN MAXWELL

EL
PRINCIPIO
DE LA
PATERNIDAD

LA PRIORIDAD, POSICIÓN Y FUNCIÓN QUE EJERCE EL VARÓN

WHITAKER
HOUSE

Todas las citas bíblicas son tomados de la versión *Santa Biblia, La Biblia de las Américas*®, LBLA®, © 1986, 1995, 1997 por The Lockman Foundation. Usadas con permiso. Derechos reservados. (www.LBLA.org)

Algunas definiciones fueron tomadas del diccionario *Merriam Webster's 11th Collegiate Dictionary*, tales como, "Ancla, Ancestro, Disciplina, Marido, Progenitor, Entrenar".

Traducción al español realizada por:

Sí Señor, We Do Translations
P.O. Box 62
Middletown, DE 19709 E.U.A.

Jorge Jenkins
TEL: (302) 376-7259
Email: sisenortra@aol.com

EL PRINCIPIO DE LA PATERNIDAD
La Prioridad, Posición y Función del Varón

Dr. Myles Munroe
Bahamas Faith Ministry
P.O. Box N9583
Nassau, Bahamas
Correo Electrónico: bfmadmin@bahamas.net.bs
Dirección en el Internet:
www.bfmmm.com; www.bfmi.tv; www.mylesmunroe.tv

ISBN: 978-1-60374-077-7
Impreso en los Estados Unidos de América
©2008 por el Dr. Myles Munroe

Whitaker House
1030 Hunt Valley Circle
New Kensington, PA 15068
www.whitakerhouse.com

Library of Congress Cataloging-in-Publication Data

Munroe, Myles.
    [Fatherhood principle. Spanish]
    El principio de la paternidad : la prioridad, posición, y función del varón / Myles Munroe ; [traducción al español realizada por Jorge Jenkins].
        p. cm.
    Summary: "Describes the purpose and role of the male as the first human being in creation: source, progenitor, sustainer, nurturer, protector, teacher, disciple, head, leader, caring one, and developer"—Provided by publisher.
    ISBN 978-1-60374-077-7 (trade pbk. : alk. paper) 1. Fatherhood—Religious aspects—Christianity. I. Title.
    BV4529.17.M8618 2008
    248.8'421—dc22

                                                    2008033725

Ninguna parte de este libro podrá ser reproducida o transmitida en ninguna forma o por ningún medio electrónico o mecánico—incluyendo fotocopia, cinta magnetofónica, sistema de almacenaje y recuperación (o reproducción) de información—sin el debido permiso escrito de los editor. Por favor envíe sus preguntas a permissionseditor@whitakerhouse.com.

1 2 3 4 5 6 7 8 9 10 ɯ 14 13 12 11 10 09 08

Dedicatoria

A todos los hombres, en todo lugar, especialmente en las naciones del Tercer Mundo, quienes desean regresar al plan original de la verdadera paternidad.

A mi padre, mi amado padre, el Reverendo Matthias E. Munroe, quien es el más grande modelo de paternidad en mi vida—un hombre muy distinguido, de mucho carácter, fuerza, lealtad, dedicación, amor para mi madre, y exitoso sostén de once hijos muy agradecidos y llenos con la gracia de Dios. Gracias, papá, por vivir las lecciones de la vida, que formaron el fundamento de los principios de este libro.

A mi postrer amado hermano Pablo, que se convirtió en mi gemelo en la vida, y me mostró cómo amar a Dios completamente. Yo sé que tú te encuentras ahora con el Padre de todos los padres.

A mi suegro, el Capitán Halton Lockhart, que procreó a la mujer que ha sido la esposa de mi vida. Gracias por tu amor tan firme, y por todo tu apoyo, convirtiéndote en mi otro padre.

A mi amado hijo Chairo, (Myles Jr.), que me hizo vivir de acuerdo a la paternidad de la imagen de Dios. Deseo que tus hijos también sean verdaderos padres en su generación.

A mis hermanos Oscar y Garth, que sigan siendo los modelos de amor de padre para su esposa y sus hijos.

A todos los miembros del ministerio de Hombres Reales de Bahamas Faith Ministries Fellowship. Gracias por permitirme enseñar y desarrollar estos principios, por medio de su sumisión al ministerio.

A los hijos nacidos y a los todavía no nacidos hijos de hombres, que los descuidaron, y que no les enseñaron cómo ser padres. Deseo que este libro les ayude a formarse como padres, para que ustedes se conviertan en mejores padres para sus hijos.

Reconocimientos

Todo lo que realizamos en la vida, es un producto sinergético, de muchas gentes que han contribuido, a lo que hemos hecho, y a aquello en que nos hemos convertido. Este trabajo no es diferente. Estoy eternamente agradecido a todos esos grandes hombres que me han inspirado, animado y corregido a través de mi desarrollo en todos estos años. Se requiere de verdaderos padres, para poder producir verdaderos padres.

Quiero darles gracias a las siguientes personas por su contribución al desarrollo y terminación de este libro:

Papá, por poner el fundamento en mi vida, para que este libro no fuera solamente una teoría, sino el resultado de vivir los principios que tú me enseñaste y viviste delante de mi toda mi vida.

A mi amada esposa Ruth, y a mis preciosos hijos Charisa y Chairo (Myles Jr.), cuyos nacimientos me convirtieron en un padre, colocando demandas en mí, para poder dar ejemplo de los principios de la verdadera paternidad. Gracias por toda su paciencia conmigo, a medida que me desarrollé como un esposo y un padre.

A todos los padres espirituales en mi vida, cuyas vidas y carácter refinaron el mío: Dr. Oral Roberts; el postrer Dr. Tunel Nelson; Dr. Ezekiel Guti; Rev. Bob Stamps; Rev. Duke Smith; el postrer Dr. H. W. Brown: a mi hermano mayor, Oscar Munroe; a mi hermano menor, Paul Munroe; y a mi hermano más chico, Garth Munroe; a mis cuñados Henry Francis, Jose Jonson, Steve Hall, y Richard Pinder; y a mi suegro, el Capitán Halton Lockhart.

Finalmente, al Padre de nuestro Señor Jesucristo, el Creador y Sostenedor de todas las cosas, al Padre Supremo de todos los padres, Elohim.

CONTENIDO

Prólogo

S er un padre es el trabajo más realizador que un hombre puede llegar a tener. Como padres cristianos, tenemos la oportunidad única de hacer una inversión eterna, en la vida de nuestros hijos.

Muy frecuentemente Jesús se refirió a Dios como "Padre". Dios el Padre da un amor incondicional, liderazgo y guía. Él nos protege, y nos permite aprender por medio de Sus palabras. Dios nos ha confiado con Su Santo Título: El Padre.

En estas últimas décadas, la sociedad se ha desviado de la importancia que tiene la paternidad. Hemos visto como se ha redefinido mucho a la familia, tanto, que en muchos casos, el padre ni siquiera se encuentra presente. La familia tradicional se está desvaneciendo, y con ello, estamos perdiendo la bendición de Dios, y estamos perdiendo completamente la dirección correcta.

El hecho de convertirse en un buen padre no es algo que sucede automáticamente—toma tiempo y mucho esfuerzo. Debemos estar dispuestos a invertirlo todo en esta empresa—que es la más importante, y en segundo lugar, el hecho de ser esposos—como si estuviéramos yendo en pos de una carrera profesional. Un padre debe tener presente las características fundamentales del liderazgo, responsabilidad y responsabilidad, así como la capacidad de poder planear, disciplinar, y amar. La paternidad es un trabajo de tiempo completo. Como hombres, debemos entrenar, desarrollar, y aprender a ser, aquello que Dios diseñó para nuestra familia.

En este libro, *El Principio de la Paternidad*, el Dr. Myles Munroe provee una visión muy refrescante a los principios para los hombres, mismos que han sido probados a través de los tiempos, para que los hombres puedan medir su efectividad como padres en medio de la sociedad moderna de nuestros días.

El Dr. Munroe nos enseña la forma como las habilidades que tienen que ver con la función, la visión, relación, administración, y comunicación del padre, dentro de la estructura de la familia, se aplican a las sociedades en todo lugar, y todo tipo de niveles. Sus recomendaciones para la paternidad que se encuentran en cada capítulo, son un reto para que yo ponga en práctica todos esos principios.

En una época donde existen clases, libros, y seminarios para todo tipo de habilidades y destrezas, me gustaría lanzar el reto a todo padre, para que tomen el tiempo necesario, invirtiéndolo en la función más importante—que es la paternidad. Un buen padre no tiene precio, de la misma manera como los hijos a quienes dirigen, y en quienes invierten. Necesitamos más buenos padres, y este libro es una herramienta invaluable, que de hecho, va a ayudar a suplir esta necesidad.

—Dr. John C. Maxwell
Autor y Orador
Fundador de INJOY Group

PREFACIO

Papá significa destino". Las palabras saltaron de una página en *U.S. News & World Report*,[1] y explotaron en mi mente como una bomba. Yo no podía creer lo que estaba leyendo. Aún más sorprendente, fue la fuente de esas palabras— parecían haber sido tomadas del corazón mismo de una sesión de mis seminarios. Por más de veinticinco años, he enseñado, aconsejado, y orientado a miles de individuos en los temas de las relaciones interpersonales, desarrollo de la familia, y matrimonio. Una de las más grandes preocupaciones que he llevado durante todos estos años, es la crisis que enfrentan los varones en medio de nuestras comunidades. He declarado repetidamente, y en forma muy enfática, que la clave para la restauración y preservación de una sociedad sana, es la salvaguarda de los varones, especialmente como padres responsables. Pero el hecho de encontrar esas palabras en una de las revistas más populares, fue un motivo de emoción y motivación.

Soy un entrenador en desarrollo humano y de liderazgo, y fundé una de las iglesias más dinámicas en Nassau, isla de Bahamas. Por lo tanto, fue un gran alivio y consuelo, poder ver que los científicos contemporáneos, especializados en el comportamiento humano, así como los psicólogos, y las agencias de gobierno, finalmente estaban de acuerdo con la conclusión a la que muchos de nosotros, que tratamos con asuntos sociales y espirituales, hemos conocido todo este tiempo.

La declaración "Papá significa destino" abarca tanto el problema, como la solución en la mayoría de enfermedades en

---

[1] Joseph P. Shapiro, Joannie M. Schrof, Mike Tharp, and Dorian Friedman, "Honor Thy Children," *U.S. News & World Report*, February 27, 1995.

nuestras sociedades. En ella, radica la clave para la salvación y restauración de la raza humana. Hace como dos mil quinientos años, el profeta Malaquías habló acerca de la obra y del propósito del Mesías que iba a venir, por medio de declarar, *"El hará volver el corazón de los padres hacia los hijos, y el corazón de los hijos hacia los padres, no sea que venga yo y hiera la tierra con maldición"* (Malaquías 4:6). La implicación es que la declaración divina del problema fundamental del hombre indica que es un problema de falta de paternidad.

La revista *U.S. News & World Report* indicó que "más que cualquier otro factor, la presencia biológica del padre dentro del hogar y dentro de la familia, determina el éxito y felicidad de los hijos". Sin lugar a dudas, este artículo mundano se podía leer como si fuera un sermón de día domingo en la mañana, tomado de los libros de la Biblia. Fue un recordatorio muy refrescante, que no importa que tan lejos se haya desviado la sociedad, es imposible poder ignorar, alterar o negar en forma efectiva, la sabiduría antigua y verdad fundamental, así como los principios que se encuentran arraigados en los anales bíblicos. La Biblia establece en sus primeros capítulos la función crítica y fundamental del varón, así como su responsabilidad con relación a la paternidad.

Vamos a hacer una revisión breve acerca del estado en que se encuentra nuestra sociedad moderna, y su impacto en esta y en las generaciones futuras:

> Ricos o pobres, blancos o negros, los hijos de padres divorciados, y aquellos que han nacido fuera de matrimonio, luchan a través de la vida con una desventaja muy grande, de acuerdo a un coro y número creciente de pensadores sociólogos...
>
> [Muchos científicos sociales y expertos en comportamiento] retan la visión de que las fuerzas externas, tales como el crimen en las calles, las malas escuelas, y la

tensión emocional causada por los problemas económicos, estén detrás de las crisis que enfrentan las familias. Las nuevas formas de pensamiento que ya han sido revisadas indican que es el resquebrajamiento de las familias lo que origina todas las enfermedades sociales.[2]

El Instituto de Iniciativa Nacional para la Paternidad recopila información de diferentes fuentes, acerca de los efectos de la falta de paternidad en muchos de los problemas sociales, incluyendo la pobreza, la salud materna e infantil, encarcelamiento, crimen, embarazo en adolescentes, abuso de menores, abuso de alcohol y drogas, educación y obesidad infantil. Esto es parte de la información que ellos han compilado:

- Los hijos de hogares donde el padre está ausente tienen cinco veces más la posibilidad de ser pobres.
- La mortalidad infantil es 1.8 veces más alta para los hijos de madres solteras, que para los hijos de madres casadas.
- Los jóvenes que pertenecen a hogares donde existe la ausencia de un padre, tienen muchas más probabilidades de acabar en la cárcel, que aquellos que viven en una familia donde ambos padres están presentes.
- Los jóvenes tienen mayor riesgo de involucrarse en el abuso de sustancias si carecen de un padre que esté presente en su vida.
- Ser criado por una madre soltera eleva el riesgo de embarazo en adolescentes.
- Los hijos que no tienen padre, tienen el doble de posibilidades de abandonar sus estudios.
- Comparado con el hecho de vivir con ambos padres, viviendo en un hogar donde solo existe uno de los padres, duplica el riesgo de que niño sufra descuido psicológico, emocional o educacional. [3]

---

[2] Ibid.

[3] https://www.fatherhood.org/father_factor.asp, Febrero 6, 2008.

La ausencia de padre tiene un efecto en el futuro económico de una persona, que va más allá de su niñez. De acuerdo a un reporte publicado por el Departamento de Trabajo, la falta de padres, hoy en día

...puede traer enfermedad a la fuerza de trabajo del día de mañana, por lo menos si las predicciones de la teoría económica son correctas. En el modelo de Becker (1981), por ejemplo, los hijos que fueron criados en familias que tienen menos recursos económicos, tienden a tener menor capital humano. Esta teoría económica predice que, a menos que todos sean iguales, la siguiente generación de trabajadores va a entrar al mercado laboral con menor capital humano que la anterior a ellos. [4]

Las investigaciones han mostrado que incluso, los individuos que sobreviven el trauma y el impacto negativo de un hogar destruido o de un matrimonio destruido, siguen sufriendo desajustes socio-psicológicos. Las necesidades psicológicas, espirituales, y morales que son suplidas a través de un matrimonio fuerte y una familia unida, no pueden ser sustituidas.

Es muy lógico que no existe ser humano que sea perfecto en la raza humana; sin embargo, las ciencias sociales han llegado a la conclusión de que cuando un individuo es incubado dentro de una atmósfera de amor, unidad y de cariño entre los dos padres, existe una transferencia de esas cualidades y características hacia la siguiente generación. En esencia, la familia humana produce fruto de su propia simiente. El proceso natural y lógico de reproducción, que involucra la consumación íntima de dos individuos, da pruebas de que el Creador diseñó la familia humana para procrear dentro del contexto de una unión estable

---

[4] Jeff Grogger and Nick Ronan, "The Intergenerational Effects of Fatherlessness on Educational Attainment and Entry-Level Wages," Septiembre 1995, Bureau of Labor Statistics, U.S. Department of Labor, http://www.bls.gov/ore/abstract/nl/nl950080.htm, February 6, 2008.

y bien estructurada, para proveer el medio ambiente social, psicológico, emocional, físico y espiritual, que se necesita para un crecimiento exitoso.

Existen muchas pruebas de que hay necesidades emocionales y psicológicas críticas, que solo un varón puede proveer, de la misma manera que existen necesidades especificas, que solo la mujer ha sido diseñada para suplir. Por lo tanto, la ausencia de uno o del otro tiene un efecto en el desarrollo, a pesar de que parezca no haberse alterado el funcionamiento normal de la familia humana.

Las estadísticas negativas de la falta de padre pueden ser revertidas por medio de restaurar el poder a los padres dentro de su lugar en la familia, y por medio de su verdadero llamamiento como hombres. Podemos revertir estas tendencias que van cuesta abajo, y llegar a fortalecer las vidas, las familias, las comunidades, y las naciones, a través de descubrir y vivir en el propósito, prioridad, y función del varón en la familia.

—*Dr. Myles Munroe*

Introducción

E l más grande enemigo del hombre es la ignorancia de sí mismo. No existe nada más frustrante que el hecho de no saber quien eres o no saber qué hacer con aquello que tienes. Es muy debilitante poseer algo, pero no saber para qué sirve o como usarlo. Aun más frustrante es tener una tarea que realizar, y no saber como llevarla a cabo. ¿Alguna vez has tenido este problema? Cuando eras estudiante, ¿Acaso alguna vez llevaste tarea a tu casa, y no sabías como hacerla, y sin embargo, hiciste tu mejor esfuerzo? Recuerdas ese sentimiento de estar despierto toda la noche, tratando y tratando, fallando y fallando, y al final de cuentas acabando enojado con todo el mundo, incluyéndote a ti mismo? Es terrible que te den algo que hacer, sin poseer el entendimiento de cómo hacerlo. Este es un motivo de mucha tristeza.

Carecemos del Entendimiento de Nosotros Mismos

Todos los problemas de la raza humana son resultado de uno de los más grandes dilemas. ¿Cuál es ese dilema? La posesión sin la comprensión; la tarea sin la instrucción; los recursos sin el conocimiento; tenerlo todo pero sin saber por qué. Básicamente, el dilema es que nos falta el entendimiento. Sin entendimiento, la vida es un experimento, y la frustración es nuestra única recompensa.

Nunca olvidaré cuando traje mi tarea de algebra, de la escuela secundaria en las Bahamas, a casa, donde viví toda mi vida. ¿Alguna vez has tomado la materia de algebra? ¿Puedes recordar todas esa formulas? Para mi, era la materia más difícil en la escuela. Algunos alumnos tienen talento para las matemáticas, y en especial, para el algebra, la geometría o el cálculo. Yo nunca tuve ese talento. Aprender algebra fue una horrible experiencia para mi.

Mi problema era poder entender todas esas formulas. Me acuerdo que me dejaban tarea que consistía en resolver seis problemas por cada página. Me iba a casa, y me quedaba sentado contemplando todas esas cosas. No importaba lo que yo hacía, yo no podía resolver los problemas porque no llegaba a entender esas formulas.

Me acababa frustrando hasta el punto de llorar. Yo sabía que me iban a castigar el día siguiente si yo no podía llegar a entender esas formulas, y si no podía dar las respuestas correctas. ¿Qué es lo que yo hacía? ¡Yo solo las simulaba! Escribía cualquier número que se me venía a la cabeza. El hecho de tener algunos números escritos en esa página se iba a ver bien, yo pensaba, pero todas las respuestas estaban incorrectas.

Esto es algo más que una historia interesante. Como puedes ver, cuando se trata de temas de la vida, muy frecuentemente hacemos esta misma cosa que yo hice con mi tarea de algebra. Cuando surgen los problemas, no los entendemos, y mucho menos entendemos la vida misma, y por lo tanto, solo lo fingimos. Aunque traté de hacer que los números coincidieran de la manera que yo quería, todos estaban mal, porque yo no entendía las formulas. Cuando llegó la hora del examen, mi falta de entendimiento me trajo el resultado final de haber estado simulándolo—fallé por completo.

Un día decidí que debía aprender y poder entender esas formulas, así que tomé un curso especial por las tardes, con mi maestro. Puse el tiempo y el esfuerzo, y aunque me tomo horas, una por una, ¡comencé a entender las formulas! Cada vez que las entendía, se prendía un foco en mi mente. Finalmente, la materia del algebra tomaba sentido para mi, y eventualmente se me hizo muy fácil. El temor que yo tenía, ahora había sido reemplazado con confianza.

Después de haber comenzado a entender el algebra, yo podía llevar mis tareas a casa con una sonrisa en mi boca. Antes de poder entender el algebra, yo iba a casa con mucho temor. Al poder vencer mi falta de entendimiento, yo ya era capaz de resolver esos problemas con confianza.

En el momento en que yo puedes entender y aprender los principios de cómo hacer algo, entonces, no va a importar cuales sean los números que te presenten, puesto que tú los vas a poner en la formula correcta. Los números pueden cambiar, pero las formulas siguen siendo las mismas. El hecho de entender cómo usar las formulas y como poner los números en los lugares correctos te da la respuesta correcta.

> **Tú necesitas aprender el propósito, los principios, y las funciones de la verdadera paternidad.**

Los principios se parecen mucho a las formulas. Son leyes que gobiernan la vida, y que permanecen constantes, ante la cara de los cambios. La clave, entonces, es aprender y entender los principios, para que puedas manejar cualquier tipo de configuración, cualquier problema, o cualquier situación que se te presente en la vida. Cuando entiendes los principios de la vida, no importa lo que la vida te ponga enfrente—tú solo colocas el problema dentro del lugar correcto del principio de que se trate.

El gran reto de la vida es poder entender la vida misma. Cuando la vida nos tira una bola curva, muy frecuentemente nos dedicamos a jugar y a simular. Muchas veces, tenemos que ponernos a adivinar la respuesta, y después, ponernos a imaginar sin descanso, si acaso nuestra respuesta va a funcionar.

Lo que nos falta es entendimiento. David, el gran rey de Israel, trató con este mismo tema. Por medio de la inspiración divina, él habló del caos moral y social que había en su comunidad, y describió la causa de la confusión, de la frustración y la auto-destrucción en la raza humana: *"No saben ni entienden;*

caminan en tinieblas; son sacudidos todos los cimientos de la tierra" (Salmo 82:5).

Este texto declara que la razón por la cual, la gente está tan confusa y llena de problemas, no es porque no haya respuestas, sino porque no entendemos a nuestro Creador. No conocemos Sus principios, Su propósito, Su naturaleza, o Sus preceptos.

Tres Cosas que Causan Problemas en la Vida

El Salmo 82:5 identifica tres componentes progresivos que son la causa de nuestro sufrimiento en la vida. Primero, existe una falta de conocimiento—*"No saben"*. Segundo, existe un mal entendido o un concepto erróneo de la vida—*"ni entienden"* y no pueden entender su medio ambiente. Y tercero, existe una carencia de visión espiritual—*"caminan en tinieblas"*; no pueden ver nada. La palabra *"tinieblas"* en el idioma hebreo original indica el principio de la ignorancia. En la mayoría de los casos, su uso implica la ausencia de conocimiento. En este contexto, su uso indica que los hombres son ignorantes, o que están ciegos a los principios de Dios. Si tú intentas vivir y resolver los retos de la vida, desde una posición de ignorancia, entonces, estás caminando en las tinieblas, y vas a experimentar exasperación, frustración y fracaso.

El texto da como conclusión que el resultado de la ignorancia y falta de entendimiento es que *"son sacudidos todos los cimientos de la tierra"*. *El fundamento* implica los principios fundamentales y las leyes que regulan la función o la operación. En esencia, cuando la gente tiene falta de conocimiento y falta de entendimiento de las leyes básicas y fundamentales de Dios, toda la vida se sale de su lugar y termina en un completo fracaso.

Cuando te falta entendimiento, vas a estar usando continuamente la formula equivocada. El conocimiento, la sabiduría y el entendimiento son claves vitales para poder enseñar la respuesta correcta.

¿Qué es el Entendimiento?

Esta es una definición muy simple de entendimiento: "Entendimiento es el conocimiento y la comprensión del propósito, intención original, y función de una cosa, y de los principios que rigen su funcionamiento".

Poseer conocimiento de algo significa que tú debes conocer el objetivo original para el cual fue creado. Primero, ¿Qué es lo que estaba en la mente de aquel que lo creó? Segundo, ¿Cuál es la función para la cual el creador de ese producto lo diseñó?

El entendimiento es la comprensión de la verdad. ¿Por qué es esto tan importante? Porque nada es verdaderamente tuyo, sino hasta que tú llegas a entenderlo. No importa que tanto tiempo te sientes a oírlo, si tú no entiendes una cosa, esa cosa no te pertenece. Nunca llegaras a poseer una cosa que no puedas entender. Esta es la razón por la cual, la información nunca garantiza la sabiduría. Jesucristo, que es el más grande Maestro de todos los tiempos, dijo, *El que tenga oídos para oír, oiga"* (Mateo 11:15). Él estaba separando a la gente que solo oye información, de aquellos que realmente la entienden. Cuando tú entiendes una cosa, se convierte en algo tuyo. La mayoría de nuestra vida consiste en ejercicios de malos entendidos. Vivimos en el lado ciego, y para la mayoría de nosotros, eso abarca todos los lados.

Vamos a ir un paso más adelante: si tú no te entiendes a ti mismo, tú no te posees a ti mismo. Esta es la razón por la cual la gente que no sabe quienes son, imitan a otras personas, y se convierten en alguien completamente diferente a lo que originalmente fueron creados. Si tú no sabes para que naciste y qué es lo que tienes que hacer, entonces, te conviertes en la victima de las opiniones de otras gentes. Poder entender quien te creo, y quien eres tú, es crucial para que otros no tomen posesión de tu vida. Cuando tienes entendimiento, tú sabes lo que tienes que hacer con tu vida.

Cuando finalmente llegué a aprender esas formulas de algebra, yo sabía lo que podía hacer con cualquier número que me dieran. Este principio es tan importante. De nuevo, una vez que tú llegas a entender la vida, no importa qué es lo que la vida te ponga enfrente; tú puedes trabajar para resolver ese problema.

En este libro, vamos a aprender el propósito, los principios, y las funciones de la paternidad, para que, no importen cuales sean los hechos en tu vida actualmente. Tú vas a conocer, entender, y aprender como reconocer las cualidades, el carácter, y la función de un verdadero padre. Los hechos siempre se someten a los principios, cuando los principios entran en acción. Pero si tienes hechos sin principios, los hechos van a controlar y a frustrar tu vida por completo.

La vida es muy complicada, solo para aquellos hombres que ignoran los principios, porque los principios fueron diseñados para simplificar la vida. Los principios son permanentes. Los principios protegen a los productos. Los principios preservan. Los principios contienen juicio inherente con ellos. Los principios no pueden ser quebrantados; al contrario, tú te quebrantas a ti mismo en ellos. Los principios no muestran favoritismo. Los principios son independientes de cualquier cultura, raza, o credo. Los principios son lo principal de cualquier cosa, y la obediencia hacia los principios garantiza el éxito.

Parte I

La Prioridad y Posición del Varón

Capítulo 1

El Propósito de la Paternidad

U n tema clave que se encuentra en todos mis libros, *es que el propósito está inherente en todo aquello que ha sido creado.* He pasado treinta años estudiando los conceptos de propósito y de potencial, así como aconsejando y guiando miles de individuos, para que vivan vidas llenas de realización personal y de bienestar social y espiritual. El conocimiento y la experiencia que he obtenido, me han llevado a la conclusión que el principio central de la vida es el *propósito.* Cuando exploramos el concepto de propósito, esto nos lleva a tener un entendimiento de todos los aspectos de nuestra vida. Podemos ver una ilustración de esto, en la manera en que el propósito guía el desarrollo de los productos en el mundo de los negocios. Cuando un fabricante crea un nuevo producto, la función y el propósito de ese producto gobiernan el diseño del referido producto.

La prioridad del propósito tiene sus orígenes en nuestro Creador, y tiene aplicaciones muy importantes para nosotros como seres humanos. Cuando nuestro Creador hizo a la humanidad, Él diseñó al hombre y a la mujer, para que cumplieran ciertas funciones específicas, y les dio cualidades y características, que los capacitan para llevar a cabo el propósito para el cual Él los diseñó. Desde un análisis de las Escrituras, podemos ver que Dios creó al varón con un propósito particular que Él tenía en mente. Dios tuvo el propósito de que los hombres fueran *padres*; por lo tanto, Él los diseñó para que sean padres.

A medida que veamos, "la paternidad" tiene un significado mucho más extenso, que solo el mero hecho biológico de la procreación de hijos. La paternidad no es una opción para el varón, sino que está inherente en su naturaleza misma. La esencia del varón es la paternidad. *Todo* adulto varón ha sido hecho para ser un padre, y la realización de su propósito está ligada a vivir de acuerdo a ese propósito.

El propósito es la fuente de toda realización verdadera, y define nuestra existencia. Sin un propósito, la vida deja de ser una existencia, y se convierte en un mero experimento. Si los hombres no saben, no entienden, o no cumplen su propósito, que les fue dado por Dios, entonces es cuando surgen los problemas, tanto en su propia identidad, como en sus relaciones con otras personas.

Vamos a explorar las implicaciones de los principios del propósito, y la manera como se relacionan al propósito de la paternidad del varón.

Los Principios del Propósito

El propósito es definido como "la intención y la razón original" para la creación de una cosa. A través de mi exploración de este tema tan importante, he podido identificar siete principios del propósito, que te ayudaran a poder entender mucho mejor la naturaleza de la vida:

1. Dios es un Dios de propósito.
2. Todo en la vida tiene un propósito.
3. No todo propósito es conocido por los seres humanos.
4. Cuando se desconoce el propósito, el abuso se convierte en algo inevitable.
5. Si tú quieres saber el propósito de una cosa, nunca le preguntes a la cosa.
6. El propósito solo se puede encontrar en la mente del creador de esa cosa.
7. El propósito es la clave para la realización total.

Muchos de los problemas que los hombres enfrentan, vienen de una falta de entendimiento de su propio propósito en la vida. Los principios uno y dos te aseguran que tú tienes un propósito en esta tierra. Sin poder entender el propósito de Dios para ti, tú vas a abusar de tu vida, y muy probablemente, de las vidas de todos aquellos que te rodean. La solución no radica en tratar de conjurar un propósito para ti mismo, sino en descubrir la intención original que tenía tu Creador, porque tu propósito se encuentra en la mente de tu Creador. Las buenas noticias son que la clave para vivir una vida llena de realización como varón, como hijo, como hermano, esposo, padre, miembro de tu iglesia, ciudadano en tu comunidad y país, y como ser humano en el mundo, se encuentra en el descubrimiento y en poder vivir el propósito por el cual fuiste diseñado.

El Propósito del Varón

Con estos principios del propósito en mente, vamos a poner nuestra atención al concepto del "Principio de la Paternidad", y la forma como se relaciona al propósito del varón.

Hemos visto que todo fue creado para cumplir con un propósito, y fue diseñado de acuerdo a las necesidades de dicho propósito. La única diferencia en el diseño que distingue cada cosa creada de las demás, es aquello que es obligatorio y critico para el funcionamiento que se espera de esa cosa. En esencia, la diferencia entre lo físico, lo mental, lo psicológico, y la naturaleza del modo de ser del varón y de la mujer, es providencial, esencial, valioso, y necesario para el cumplimiento de sus propósitos particulares en la vida.

Quiero darte el propósito de la paternidad, de acuerdo al "Manual del Fabricante" (que es la Biblia). Es critico poder entender el propósito del varón, y es un paso necesario para poder entender la paternidad, debido a que el varón fue diseñado (dotado con el diseño) de padre, por el Creador. Dios estaba pensando en "padre" cuando Él creó al hombre. De hecho, intrínseco en cada muchacho, se encuentra el potencial de ser un padre. Esto significa que Dios tiene la intención de que cada muchacho crezca hacia la paternidad. De nuevo, no solo estoy hablando de la habilidad biológica para procrear hijos. Ser un "padre" esta enraizado en la imagen de Dios, porque Dios es Padre. Él no está satisfecho, a menos que el padre salga de entre las entrañas del muchacho. La paternidad es el diseño y el destino del varón.

¿Qué es un Padre?

Debemos comenzar con el significado de la palabra *padre*, debido a que uno de los más grandes peligros para la sociedad, es el mal entendimiento de lo que es la paternidad. Las definiciones determinan las interpretaciones; y por lo tanto, debemos comenzar por este punto. En el Antiguo Testamento, la palabra hebrea para "padre" es *ab, Abba*, que significa "Papacito", y que se deriva de esta palabra. En el Nuevo testamento, la palabra griega para padre es *pater*. Por lo tanto, tienes *ab* y *abba* en el hebreo del Antiguo Testamento, y *pater* en el griego del Nuevo testamento.

¿Qué es lo que *ab* y *abba* significan? Estas palabras denotan conceptos muy básicos que incluyen lo siguiente:

- Origen
- Alguien que alimenta a otros
- Sostén
- Soporte
- Fundador
- Protector

La fuente o el origen es su *ab* o su padre. Como el origen, el *ab* sostiene y mantiene. Otro aspecto del significado de la palabra *padre* es "defensor". El padre es el origen o fuente de recursos, que defiende y que sostiene todo lo que sale de ese origen.

Existen algunas palabras en el idioma inglés relacionadas con *ab* y con *pater*, y que describen la paternidad, siendo absolutamente indispensables para el propósito de un padre. No desprecies las siguientes palabras; están llenas de significado muy profundo:

Progenitor

Este término viene del latín, significando "engendrar". También denota "precursor" o "el iniciador". Un padre es el iniciador o el origen. Las generaciones vienen del *ab* y del *pater*—no de la madre. Dios creo al hombre para ser el padre—el progenitor, el origen, sostén y soporte de las generaciones. El *ab* lo genera todo. Por eso es que no existe semilla o simiente en la mujer; el hombre fue diseñado como el progenitor.

Ancestro

Ab también se refiere a la palabra ancestro.[5] Las palabras en inglés para *ancestro* y para *ascendencia*, a final de cuentas vienen del mismo verbo en latín *antecedere,* que significa "ir antes de" o "preceder". En el comienzo de una línea ancestral está el padre. Él comienza la herencia para toda su

> Ser un "padre" tiene sus raíces en la imagen de Dios, porque Dios es Padre.

simiente o semilla. Esto es muy importante. Al hombre (padre) le fue dada la responsabilidad, no solo de comenzar y proveer para las futuras generaciones, sino también de darle a esa generación una identidad.

Por ejemplo, cuando un niño nace, normalmente le ponen el apellido de su padre, y no el de su madre. Cuando tú usas ambos apellidos, estás intentando reclamar y producir dos generaciones,

---

[5] Favor de ver la Concordancia *Strong's Exhaustive Concordance,* #H1 y la concordancia New American Standard Exhaustive Concordance of the Bible (NASC), The Lockman Foundation, #H1. Usadas con permiso.

y dos identidades, en lugar de una sola. Esto causa mucha confusión en los hijos.

En las Escrituras, no existe tal cosa como el hijo de dos padres. Dios siempre se refiere al linaje de un solo hombre—que es el padre. Santiago, hijo de Zebedeo, era el hijo de Zebedeo, no el hijo del padre de la esposa de Zebedeo. ¿Por qué es esto tan importante? Porque en el momento en que tú comienzas a mezclar otra ascendencia u otro linaje, tú estás dividiendo la paternidad. Solo puede haber un solo origen. Por esto es que la Biblia dice, *"Por esta razón, el hombre dejará a su padre y a su madre..."* (Mateo 19:5 se añadió énfasis). Cuando una mujer se casa, su esposo suple las funciones de sostén y soporte, y otras más, que su padre una vez había suplido.

¿Te es difícil de entender? Entonces, considera esto con mucho cuidado: la esposa no mantiene el apellido del padre de su marido. Ella toma el nombre por el cual su marido es llamado. ¿Por qué? Todos los hombres son padres. Es difícil ser hombre, porque la mujer con quien te casas se convierte en tu "descendencia", por decirlo de esta forma. Esta fue la intención de Dios, y por eso es que las esposas toman el apellido de su marido. El esposo se convierte en responsable por su esposa en un cien por ciento. Él provee, sostiene, alimenta, soporta y mantiene. Jesús Mismo nunca es mencionado como "el Hijo de Maria" en las Escrituras, sino por el contrario, como "El Hijo de Dios". *"El Espíritu Santo vendrá sobre ti, y el poder del Altísimo te cubrirá con su sombra; por eso lo santo que nacerá será llamado Hijo de Dios"* (Lucas 1:35).

Yo se que Jesús fue soltero, pero Él entendía el principio del matrimonio, tal y como está explicado en Mateo capitulo 19. Por esto, cuando los discípulos aprendieron este principio de Jesús, ellos dijeron que era mucho mejor permanecer soltero (favor de ver el versículo 10). Cundo te casas con una mujer, tú no estas tomando algún objeto sexual solamente. Tú no estás poseyendo a alguien, para que puedas estar presumiendo, diciendo, "esa es mi mujer". No, esa es tu *esposa*, a quien te has comprometido a sostener espiritual, emocional y físicamente. Aun la novia de Cristo, que es la iglesia, lleva el Nombre de su Novio—ella es llamada "el Cuerpo de Cristo". Jesús mencionó, "En Mi Nombre, puedes pedirle al Padre todo lo que quieras", (favor de ver Juan 15:16). Existen muchos maridos que no son el *ab* o el *pater* que Dios quiere que los hombres sean para su esposa.

Fundador

El concepto de padre también incluye "fundador" o "fundamento". Esta es la razón de que muchas compañías, instituciones y movimientos, usan la palabra *padre* para describir a la persona que inició la organización, la institución, o el movimiento. Los hombres que fundaron los Estados Unidos de América son mencionados como "los padres fundadores". Nelson Mandela es conocido como "el Padre de la Nueva Sudáfrica". Si alguien funda o comienza algo, es llamado el padre de ello. ¿Por qué? Él lo generó. Él originó el génesis de esa cosa. Dios hizo al hombre para fundar futuras generaciones, y para ser el fundamento sobre el cual se pudieran desarrollar. Es esencial poder notar que la calidad de un fundamento determina el valor de lo que se construye encima de él.

Autor

La palabra padre también implica autoría de algo o ser el autor de algo, así como, tener la autoridad legítima sobre algo. La palabra "padre" posee una autoridad inherente.

El es la imagen del Dios invisible, el primogénito de toda creación. Porque en El fueron creadas todas las cosas, tanto en los cielos como en la tierra, visibles e invisibles; ya sean tronos o dominios o poderes o autoridades; todo ha sido creado por medio de El y para El. (Colosenses 1:15–16)

El Dios Trino en Cristo Jesús es el *"Autor de la salvación eterna"* (Hebreos 5:9), y el *"Autor y Consumador de nuestra fe"* (Hebreos 12:2). ¿Qué es lo que significa ser el *"Autor de la salvación eterna"*? Jesús inició, generó, produjo, sostiene, y mantiene la salvación de toda la raza humana. Él es el Único Origen y Recurso de nuestra redención.

Si tú quieres venir a Dios, por lo tanto, Jesús es el Recurso Final y Definitivo. Por esto, es que, a pesar de las obras de Mahoma, Buda, y Confucio, tú no puedes ir a ninguno de esos hombres en busca de salvación; de acuerdo a lo que dice la Escritura, porque ellos no generaron, ni crearon, ni fueron autores de la redención de la humanidad. Jesús es el generador de la salvación; fue germinada con Él, y fue completada en Él. Él es tanto el Autor, como el Consumador de nuestra fe.

> **Dios es nuestro Padre en dos maneras: a través de la creación, y por medio de la redención.**

Estoy tan contento de que Él no solo es el Autor, sino también es el Consumador. Muchos hombres solo son autores de bebés, ellos no terminan lo que comenzaron como padres. Jesús es el mejor Papacito. Él es el Consumador de tu fe. Él no solo comenzó tu fe; Él la vigila hasta que se completa. Él te va a hacer crecer hasta la medida total de Su propósito para ti, para que tú te veas tal y como Él. (Favor de ver 2ª Corintios 3:18; Efesios 4:13).

Jesús provee el "gen" para la nueva generación del hombre. Él es el Origen de la simiente o semilla de la salvación. Todos los padres proveen los genes o "semillas" que determinan los atributos de las generaciones que ellos producen. En la descripción que Isaías hace del Mesías, él concluyó con los títulos Admirable, Consejero, Dios Poderoso, *Padre Eterno*, Príncipe de Paz. (Favor de ver Isaías 9:6). ¿Cómo es que el Hijo se convirtió en Padre? Él produjo una nueva generación de seres humanos. Él se convirtió en el *"Postrer Adán"* (1ª Corintios 15:45) o también llamado *"Segundo Hombre"* (v. 47) que produjo al *"nuevo hombre"* (Efesios 2:15).

Maestro

El padre también es quien nutre y enseña. Esto significa que él provee, nutre, y alimenta ese desarrollo, y enriquece, expande, hace crecer, y despliega aquello que viene de sus propias entrañas. Una de las mayores responsabilidades es poder enseñar a "su descendencia". Muchos hombres carecen de esta área de enseñanza, y son intimidados por las mujeres con quienes se casan. Déjame decirte algo: el varón ha sido diseñado para enseñar, así que tú no necesitas saber mucho acerca de las técnicas de enseñanza. Los hombres, por su propia naturaleza aman dar instrucción. El instinto paternal de enseñanza está inherente dentro de ellos. Incidentalmente, esta es la razón por la cual, los hombres, muy frecuentemente resisten los intentos que las mujeres hacen por enseñarles a ellos. Si tú eres un hombre, tú eres un maestro. Debes obtener conocimientos y entendimiento de parte de la Palabra de Dios, para que puedas cumplir esta función en forma efectiva:

> *Porque el Señor da sabiduría, de su boca vienen el conocimiento y la inteligencia.* (Proverbios 2:6)

> *Bienaventurado el hombre que halla sabiduría y el hombre que adquiere entendimiento;* (Proverbios 3:13)

> *Adquiere sabiduría, adquiere inteligencia; no te olvides ni te apartes de las palabras de mi boca.* (Proverbios 4:5)

Algunos hombres son tan ignorantes que cuando están ante la presencia de una mujer muy educada, se sienten amenazados. Tú debes obtener conocimientos y entendimiento de la Palabra de Dios, para que puedas guiar a tu familia con sabiduría, conocimiento, integridad, y confianza.

Creador

Ser padre también denota ser "creador". Vimos anteriormente con la palabra *fundador* que padre es aquel que funda o comienza algo. El mismo concepto se aplica a la invención y a la creación de cosas; nos referimos a las personas que crean cosas, como los padres de ellas. Por ejemplo, Tomas Edison, el inventor del foco de luz, es conocido como "el padre del foco eléctrico".

Padre Es un Título Relativo a la Función

Jesús nos enseñó a orar, diciendo, *"Padre nuestro, que estas en los cielos"* (Mateo 6:9). En Isaías 63:16 declara, *"Porque tú eres nuestro Padre, aunque Abraham no nos conoce, ni nos reconoce Israel. Tú, oh Señor, eres nuestro Padre, desde la antigüedad tu nombre es Nuestro Redentor"*. Cuando usamos la expresión Padre Nuestro con relación a Dios, debemos recordar que no es solo un nombre, sino un título que se deriva de una función. Podemos decir que Dios es nuestro Padre en dos maneras principales: a través de la creación, y a través de la redención.

Padre como Origen de la Creación

En primer lugar, Dios es el Origen y el Sostén de todo lo que Él creó, lo cual lo constituye como el Padre de todas las cosas; Él es el Padre de la Creación. En Malaquías 2:10 dice, *"¿No tenemos todos un mismo padre? ¿No nos ha creado un mismo Dios? ¿Por qué nos portamos deslealmente unos contra otros, profanando el pacto de nuestros padres?"* Dios es llamado Padre, en lugar de ser llamado Madre. ¿Por qué? Porque tiene que ver con la función. Él es el Origen y el Sostén. Todo vino de Él, pero Él Mismo no vino de ninguna otra fuente. La palabra Dios significa Autosuficiente y Auto Sostén. Dios es vida y Le da vida a todo.

En hebreos 12:9 revela que Dios es *"el Padre de los espíritus".* ¿Por qué? *"Dios es Espíritu"* (Juan 4:24). Él es el Origen de todos los espíritus, porque Él los creó a todos ellos. Ya sea material o espiritual, Dios es el Padre de todo ello. Él es el Padre por medio de la virtud de Su voluntad creadora. En Santiago 1:17 nos revela que Dios es *"El Padre de la luces".* Esto significa las estrellas, soles, lunas, y todo lo que existe en el universo, puesto que todo salió de Dios. Él es Padre de todo lo que existe.

El movimiento feminista dice, "tenemos que cambiar la Biblia. La Biblia es machista porque se refiere a Dios solo como "Él" y solo como "Padre". Para poder tratar este asunto, algunas Bíblias han sido publicadas, en tal forma que ajustan las Escrituras para que tengan un lenguaje más inclusivo. En lugar de la palabra *Padre*, Dios es llamado *Nuestro Ser Divino.* En lugar de la palabra *Él*, o de la palabra *ella,* es usado *aquello.* Por ejemplo, en Judas versículo 24 se leería, "Ahora, a aquello que es capaz de guardarnos de caer". O tal vez podría leerse, "El Señor es mi Pastora".

Lo que ellas y muchos otros no pueden entender, es la naturaleza de Dios. Su esencia misma es ser "Padre". ¿Por qué? Él es el Origen de la creación. Él es el Creador de todas las cosas; por lo tanto, Él es Padre. Tiene que ver con haber plantado la semilla o simiente. Si tú produces la semilla o simiente, tú eres el padre. Por lo tanto, la expresión o término *Padre,* no es solo algo con que se Le nombró a Dios; es el resultado natural de que Él creó todas las cosas. Todos nosotros venimos o salimos de Dios, el Padre.

Padre como el Origen de la Redención

Dios también es nuestro Padre a través de la redención en Cristo Jesús. En el capítulo cuatro, vamos a explorar la relación de Jesús hacia el Padre con mucho mayor detalle. Pero debemos notar aquí que como el Hijo de Dios, Jesús continuamente se refiere a Dios como Su Padre. A través de toda su vida sin pecado alguno, y de su sacrificio en la cruz, Él restauró la humanidad caída—que se había rebelado en contra de su Creador, y que había sido destituida de su relación con Él—de su relación con su Padre Celestial. Después de la resurrección de Cristo Jesús, Él les dijo a Sus discípulos, *"Subo a mi Padre y a vuestro Padre, a mi Dios y a vuestro Dios"* (Juan 20:17, se añadió énfasis). Todos nosotros podemos llamar al Creador como nuestro Padre otra vez, debido a la redención provista por medio de Cristo Jesús.

Tal y como lo mencionamos anteriormente, Jesús Mismo es llamado "Padre". Mira otra vez esta poderosa revelación que nos es dada con relación a Jesucristo:

> *Porque un **niño** nos ha nacido, un hijo nos ha sido dado, y la soberanía reposará sobre sus hombros; y se llamará su nombre Admirable Consejero, Dios poderoso, **Padre Eterno**, Príncipe de Paz.* (Isaías 9:6, se añadió énfasis)

¿Cómo es que el niño vino de ser el Hijo, para convertirse en el Padre? Es porque Jesús y el Padre son Uno Solo. (Favor de ver Juan 10:30). Efesios 1:3 declara que Dios es *" el Dios y Padre de Nuestro Señor Jesucristo"*. Cuando el Hijo vino a la tierra, Él vino del Padre, pero ambos son Uno Solo. ¡El Padre y el Hijo son Uno Solo! En Juan 1:1 podemos leer con relación a Jesús, *"En el principio existía el Verbo, y el Verbo estaba con Dios, y el Verbo era Dios"*. Para el propósito de Su sacrificio, Jesús es el Hijo, pero cuando se trata de Su función y responsabilidad, Él es *"el Padre Eterno"*.

Por ejemplo, cuando los líderes religiosos comenzaron a hablarle a Jesús acerca de su antepasado Abraham, ellos, básicamente, dijeron, "sabemos quien es nuestro padre". Ellos trataron de humillar a Jesús, por medio de decirle que Él no sabía quien era Su Padre. Ellos le estaban diciendo, "Tú eres un Hijo Ilegítimo. Tú fuiste concebido fuera de matrimonio. Tú no sabes quien es Tu Padre. Nosotros sabemos quien es nuestro padre; nuestro padre es Abraham". Jesús les contestó, "¿Acaso no saben ustedes que antes de que Abraham naciera, Yo existo?" En otras palabras, "Abraham salió de Mí; Yo soy el Padre de Abraham". (Favor de ver Juan 8). Es muy difícil tratar de decirle algo a Dios acerca de ser un padre; después de todo, Él es *Abba*—el Origen de todas las cosas creadas.

El Hijo es la esencia, la naturaleza misma del Padre. Los cristianos de los primeros tiempos podían entender esto. En el Concilio de Nicea (325 D.C.), ellos afirmaron lo siguiente:

> Creemos en el Único Dios, el Padre Todopoderoso, Creador de todas las cosas, visibles o invisibles.
>
> Y en un Solo Señor Cristo Jesús, el Hijo de Dios, *engendrado por el Padre,* Unigénito, *esto es, que viene de la misma sustancia del Padre,* Dios salido de Dios, Luz salida de la Luz Misma, *el Verdadero Dios salido del Verdadero Dios, engendrado y no creado, de la misma sustancia del Padre,* a través de Quien todas las cosas tomaron existencia, tanto las cosas en los cielos, como las cosas en la tierra.[6]

Tú no puedes ser un verdadero padre, a menos que estés dispuesto a sostener todo aquello que ha salido de ti. Dios sostiene todo aquello que ha salido de Él. A través del Hijo, Dios el Padre hizo todos los mundos, y sostiene todas las cosas, por el poder de Su Palabra.

> *En estos últimos días nos ha hablado por su Hijo, a quien constituyó heredero de todas las cosas, por medio de quien hizo también el universo. El es el resplandor de su gloria y la expresión exacta de su naturaleza,* **y sostiene todas las cosas por la palabra de su poder.** *Después de llevar a cabo la purificación de los pecados, se sentó a la diestra de la Majestad en las alturas.*   (Hebreos 1:2–3, se añadió énfasis)

---

[6] Linwood Urban, *A Short History of Christian Thought* (New York: Oxford University Press, 1995), 64 (Las palabras en itálicas son énfasis añadido por el autor).

En la Imagen del Padre

Con este entendimiento del padre como el origen y sostén, vamos a comenzar a ver como es que Dios creó al varón para que sea el padre en esta tierra. En Hechos 17:26 leemos lo siguiente, *"Y de uno hizo todas las naciones del mundo para que habitaran sobre toda la faz de la tierra"*. Adán fue creado primero, (Favor de ver Génesis 2:7-8, 18-23), y fue de él, que salió toda la humanidad, incluyendo a Eva. Por eso es que, en la genealogía de Jesús que se encuentra registrada en Lucas 3, el linaje concluye con, *"Hijo de Set; Set, hijo de Adán; y Adán, hijo de Dios* (v. 38). Adán vino de Dios. Básicamente, el origen también es el *abba*, el padre.

> **Todo hombre, ya sea que esté casado o soltero, tiene inherente, la identidad y el propósito de la paternidad.**

Debemos notar que en la creación que se encuentra registrada en el libro de Génesis, Dios creó un solo ser humano, que vino del polvo de la tierra. Él nunca volvió a tomar polvo de la tierra para crear a Eva, o a otro ser humano. Él colocó a toda la raza humana en ese primer hombre, Adán. Esto es un misterio. Todo lo que Dios quería en la raza humana se encontraba en ese solo hombre. Dios fue al polvo de la tierra, para formar un varón, le sopló vida, y de ese varón creó una mujer, y entonces dijo Dios, "Den fruto y multiplíquense". (Favor de ver Génesis 1:28).

En ese hombre, Adán, estaba el potencial para cualquier otro hombre y para cualquier otra mujer en la historia de la humanidad. ¿Por qué? Porque Dios quería que Adán fuera el origen de todas las gentes, y Él diseñó al varón para fuera el padre. El varón es padre, no por medio de votaciones, ni por medio de posiciones culturales, sino por la virtud de su disposición en el proceso de la creación. Esto se debe a que él—el *ab* y *pater* humano—debía representar a

Dios. Dios el Padre es el Modelo Perfecto, el Ejemplo y el Mentor de todos los hombres que desean ser verdaderos padres.

Jesús, como Dios el Padre de todas las cosas vivientes, hizo al hombre, para que fuera el padre de la familia humana. Todo hombre ha sido creado con la responsabilidad de la paternidad. Cada varón lleva en sí mismo millones de espermas, debido a que él es el "origen". Los hombres han sido preparados por Dios para ser padres.

Esta es la razón de que todo hombre, ya sea casado o soltero, tiene la identidad y el propósito inherente a la paternidad. La paternidad no solo tiene que ver con el hecho de tener hijos. Tú has sido destinado a ser un padre, por el simple hecho de que eres un varón. Si eres un varón, entonces eres responsable de todo aquello que sale de ti. Debido a que Eva fue creada a partir de Adán, tú eres responsable de la mujer, y de toda descendencia que salga de la mujer. Pablo se refirió a este principio y responsabilidad del varón, como la fuente y origen principal y primario de la familia humana:

> *Pero quiero que sepáis que la cabeza de todo hombre es Cristo, y la cabeza de la mujer es el hombre, y la cabeza de Cristo es Dios....Porque el hombre no procede de la mujer, sino la mujer del hombre;...Sin embargo, en el Señor, ni la mujer es independiente del hombre, ni el hombre independiente de la mujer.* (1ª Corintios 11:3, 8, 11)

Dios creó al hombre para que fuera el padre de la familia. Por eso es que hizo al varón primero.

Los Principios de la Paternidad

Un principio es una ley fundamental que gobierna la función y el comportamiento. Debemos entender las leyes básicas de la paternidad, para poder convertirnos en padres efectivos. El padre es el origen o la fuente que sostiene, protege, nutre, y provee la identidad de todo lo que produce. Los hombres se distinguen en su función de padres por los siguientes principios:

El varón es el origen de la semilla. El varón es quien contiene el esperma. Él es el origen de la vida humana, mientras que la mujer es la incubadora de la vida. Es la mujer quien da vida a la semilla del hombre.

El varón es quien da los nutrientes al fruto. La semilla de un árbol es plantada, y entonces, se convierte en otro árbol que va a dar fruto. Todo aquello que sale de esa semilla es un fruto; por lo tanto, tú como padre, eres responsable por dar los nutrientes para el fruto. La semilla suple al árbol, que a su vez, lleva el fruto, y de mesta manera, produce más semillas. Ser padre significa proveer nutrición.

> El padre es el origen y fuente que sostiene, protege, da la nutrición, y provee la identidad de todo aquello que sale de él.

El hombre es la fuente de recursos para la mujer. En Primera de Corintios 11:8 dice, *"Porque el hombre no procede de la mujer, sino la mujer del hombre".* Por lo tanto, la gloria del hombre es la mujer. (Favor de ver el versículo 7). En otras palabras, el hombre es responsable de todo aquello que sale de él. Y dado que la mujer salió del hombre, los hombres son responsables de las mujeres, y de la forma como las tratan. Si eres un hombre joven que estás saliendo con una jovencita, tú debes tratarla con respeto, de la misma manera como a ti te gustaría que trataran a tu propia hija. Tú no debes presionarla para que tenga relaciones sexuales antes del matrimonio. Cuando una mujer sale con un hombre, ella esta supuesta a sentirse protegida, física, emocional y espiritualmente.

El varón ha sido diseñado para proteger su fruto. Esta es la razón de la fuerza que posees como hombre. Dios les dio a los hombres la fuerza física y la fuerza corporal. Su estructura ósea es más pesada y más grande que la de la mujer—y esto es, no para golpearla, sino para protegerla. Muchos hombres patean, golpean, y maldicen a su esposa, y creen que esto los hace ser verdaderos hombres. Estos no son verdaderos hombres; son impostores y unos tontos, ignorantes del propósito que Dios les ha dado. Hombres ignorantes como estos, son muy peligrosos, porque toda vez que no se conoce el propósito, el abuso se hace inevitable. El lugar más seguro para una mujer, debería ser en los brazos de su marido. Si ella no puede sentirse segura en ese lugar, entonces, ella tiene serios problemas.

Debes recordar que todo lo que sale de ti, se convierte en una parte de ti. Si un hombre odia a su esposa, entonces, él se está odiando a sí mismo. *"Por esta razón el hombre dejará a su padre y a su madre, y los dos serán una sola carne; por consiguiente, ya no son dos, sino una sola carne"* (Marcos 10:7-8). La Palabra de Dios dice que debes amar a tu esposa como a ti mismo. (Favor de ver Efesios 5:25-33). Si un hombre ama a su esposa, él está amando su propia carne. Un hombre que va por todos lados golpeando, pateando, y maldiciéndose a sí mismo es considerado como un loco o demente. La paternidad es una responsabilidad asombrosa, debido a que tú eres el progenitor de todo aquello que sale de ti, y debes proteger todo aquello que ha salido de ti. Padre significa ser protector.

El varón determina el tipo de su descendencia y ejerce influencia en su calidad. Debido a que llevas la semilla dentro de ti mismo, tú llevas el tipo de descendencia, como si fueras "un árbol", determinando qué tipo de árboles van a ser tus descendientes. También tienes el poder de ejercer influencia en la calidad eventual de esos árboles, a través de tu carácter. Por eso, voy a decirle esto a todas las mujeres: tengan mucho cuidado acerca del tipo de semilla que ustedes reciben en su suelo. Existen tipos muy malos de semillas. Algunos hombres andan por ahí, y se miran como si fueran un fruto muy bueno, cuando en realidad son frutos muy espinosos. Cuando una mujer piensa acerca del matrimonio, ella debería asegurarse de que entiende la naturaleza y la calidad de su futuro marido. Lo que tú recibas, eso es lo que vas a producir. Todo lo que siembras, eso es lo que vas a cosechar. (Favor de ver Gálatas 6:7).

Hombres, ustedes también deben tener mucho cuidado con relación al tipo de suelo donde van a plantar su semilla. La semilla puede ser buena, pero si el suelo es muy pobre en nutrientes, entonces, vas a tener un árbol muy enfermo. La buena semilla nunca debe ser echada en cualquier lugar. Tú quieres un suelo de calidad, a fin de garantizar buenos árboles. La calidad de una mujer afecta la calidad del fruto. La paternidad significa una administración de alta calidad.

El varón sostiene a su descendencia. El principio de la paternidad es sostener. El varón es responsable de la seguridad, sostén, y desarrollo de su semilla. La paternidad significa mantenimiento.

El varón enseña a su descendencia. Un varón es un padre devoto cuando él toma la responsabilidad de su semilla, y le imparte a sus semillas el conocimiento. El origen o fuente debe entrenar e instruir a todos los recursos. Esto es la paternidad. La mayoría de las mujeres realizan la enseñanza y el entrenamiento, pero Dios dice que son los padres quienes deben hacer la enseñanza y el entrenamiento espiritual de su hogar. Esto significa que tú, como varón, eres el responsable, no solo de tener hijos, sino también de entrenarlos y enseñarlos a caminar en los caminos del Señor.

Es difícil guiar a los hijos al Señor, si tú eres un padre que está ausente de tu hogar. Es difícil llevar a la gente hacia donde Dios se encuentra, si tú no estás yendo en esa dirección. Tú no puedes guiar a tu familia a un lugar adonde tú no te estás dirigiendo.

Estos son, entones, los principales principios de la paternidad. ¿Estás listo para ser el tipo de padre como Dios te diseñó? ¿Sabes lo que un padre debe hacer? ¿Sabes cómo debe hablar y actuar un padre? En los siguientes dos capítulos, vamos a ver algunas ilustraciones acerca de lo que significa ser un padre, para aquellos por quienes eres responsable en esta vida. Entonces, vamos a echar un vistazo a las diez funciones específicas de la paternidad.

PRINCIPIOS DEL CAPÍTULO

1. El propósito se encuentra inherente en todo aquello que ha sido creado.

2. La diferencia entre la naturaleza física, mental, psicológica y de disposición del varón y de la mujer es providencial, esencial, valiosa, y necesaria para el cumplimiento de sus propósitos particulares en la vida.

3. Dios tuvo la intención de que los hombres sean padres; por lo tanto, Él los diseñó para ese propósito.

4. Padre implica ser el origen, él que da la nutrición, sostén, soporte, fundador, y protector. También significa progenitor, ancestro, fundador, autor, maestro y creador.

5. *Padre* no solo es un nombre, sino un título que se deriva de una función. Dios es nuestro Padre a través de nuestra creación y de nuestra redención en Cristo Jesús. Dios es el Origen de toda la creación, y hemos sido restaurados a Él como Padre a través del sacrificio de Su Hijo Jesús, Quien es el "Padre Eterno" que produjo una nueva generación de seres humanos.

6. Jesús, Dios el Hijo, es en esencia, la misma naturaleza que el Padre.

7. De la misma manera que Dios es el Padre de todas las cosas vivientes, Él hizo a Adán para que fuera el padre de la familia humana.

8. Los hombres se distinguen en su función de padres en las siguientes maneras: el hombre es el origen o fuente de la semilla; el varón es quien da la nutrición al fruto; el varón es el origen de la mujer; el varón ha sido diseñado para proteger su fruto; el varón determina el tipo de descendencia, y ejerce influencia en la calidad de la misma; el varón mantiene a su descendencia; el varón enseña a su descendencia.

Capítulo 2

El Varón como Fundamento y Ancla

L os hombres fueron creados para que sean el origen y el sostén. Ellos son el cimiento, no solo de sus hogares, sino de sus iglesias, comunidades, y naciones. Ser el origen y sostén no significa que tú lo gobiernas todo, o a todas las gentes, o que gobiernes cosas. Significa que tú eres responsable de todo eso.

El Varón como Fundamento

El Reino de Dios enseña que el varón es el fundamento del hogar—él está a cargo de todo. Como esposo, tú eres el fundamento de tu matrimonio. Como padre, eres el fundamento de tu hogar. Como pastor, eres el fundamento de tu ministerio.

La paternidad es la manera en que Dios edifica y sostiene a la familia humana. Su plan es poder cumplir Su visión de que la tierra sea una extensión de Su Reino celestial. Esto sucede a medida que el varón funciona como el fundamento del hogar, permitiéndole a todos aquellos que están bajo su responsabilidad, protección y libertad, que crezcan y prosperen, tal y como es la intención de Dios, para gloria de Dios, y para la expansión de Sus caminos en esta tierra.

En la introducción, discutí el resultado de nuestra ignorancia y falta de entendimiento, acerca de la naturaleza de la paternidad, basado en las palabras del Salmo 82:5, que dice: *"No saben ni entienden; caminan en tinieblas; son sacudidos todos los cimientos de la tierra"*. Las tinieblas implican ignorancia. La falta de conocimiento y de entendimiento promueve la ignorancia, lo cual pone en peligro, el mismo fundamento de la sociedad. La palabra *"fundamento"* en el versículo anterior implica los principios y leyes fundamentales que regulan la operación o función de una cosa. Cuando la gente tiene falta de conocimiento y de entendimiento de las leyes fundamentales y básicas de Dios, toda la vida se sale de su curso, y termina en un completo fracaso. La verdadera paternidad es la manera de reasegurar los fundamentos de nuestras sociedades.

> Hombres, ustedes son el fundamento de su familia, y un edificio solo es tan seguro como lo son sus fundamentos.

Vamos a ver a la familia humana—y a la sociedad, por extensión—como si fuera un edificio. La clave para la construcción de cualquier edificio es la estructura de su fundamento, debido a que el fundamento soporta todo el peso del edificio. Debes recordar que la calidad del fundamento determina la estabilidad y el valor de todo aquello que se construye encima de él. Dios hizo al hombre para que fuera el fundamento de las generaciones futuras, y el fundamento sobre el cual se desarrollen. Para cualquier hombre, es esencial poder tener las cualidades de un fundamento bien fuerte.

Existen 6.7 billones de gentes sobre la tierra hoy en día, y, como escribí anteriormente, Dios creó solo un hombre del polvo de la tierra; todo el resto salieron de ese hombre. Dios edificó la estructura de una familia humana, y en el fondo, Él puso un solo fundamento—que es el varón. La raza humana no comenzó con una pareja. Muy frecuentemente escuchamos que la gente dice que Dios edificó la raza humana basándose en la familia. Eso no es correcto. Él comenzó con un varón en los cimientos como el fundamento.

Hemos visto que toda la humanidad vino de Adán. Pero el varón es el fundamento también de otra manera. Debes notar que fue solo a Adán, que Dios le dio las instrucciones para realizar el trabajo en la tierra, y acerca de lo que podía y de lo que no podía hacer. Fue después de esto, que Eva fue creada.

Entonces el Señor Dios tomó al hombre y lo puso en el huerto del Edén, para que lo cultivara y lo cuidara. Y ordenó el Señor Dios al hombre, diciendo: De todo árbol del huerto podrás comer, pero del árbol del conocimiento del bien y del mal no comerás, porque el día que de él comas, ciertamente morirás. Y el Señor Dios dijo: No es bueno que el hombre esté solo; le haré una ayuda idónea. Entonces el Señor Dios hizo caer un sueño profundo sobre el hombre, y éste se durmió; y Dios tomó una de sus costillas, y cerró la carne en ese lugar. Y de la costilla que el Señor Dios había tomado del hombre, formó una mujer y la trajo al hombre. Y el hombre dijo: Esta es ahora hueso de mis huesos, y carne de mi carne; ella será llamada mujer, porque del hombre fue tomada. (Génesis 2:15–18, 21–23)

Dios no le dio ningunas instrucciones ala mujer, sino solo al hombre. Toda la información le fue dada al hombre, para que él enseñara a todos aquellos que salieran de él. Debes tener en mente que me estoy refiriendo a la función de acuerdo a la creación. La función del varón como el fundamento no es una excusa para ejercer control sobre los demás:

Sin embargo, en el Señor, ni la mujer es independiente del hombre, ni el hombre independiente de la mujer. Porque así como la mujer procede del hombre, también el hombre nace de la mujer; y todas las cosas proceden de Dios. (1ª Corintios 11:11–12)

Las Grietas en el Fundamento Llevan al Desastre

Ya sea que te guste o que no te guste, hombre, tú eres el fundamento de tu familia, y un edificio solo es tan seguro, como lo es su fundamento. Un edificio puede tener un buen número de problemas, y sin embargo, no estar condenado a demolición por parte de las autoridades de la ciudad. Pero si se descubre una grieta en los fundamentos o cimientos del edificio, no importa que tan lindo se vea en el interior, ese edificio va a necesitar reparaciones muy serias, y tal vez sea condenado a la demolición, y para entonces, nadie podrá volverlo a usar.

Dios puso a los hombres como el fundamento de la familia, y necesitamos tener mucho cuidado de no permitir que surjan ningún tipo de grietas en nuestro carácter. Si tú ves que se abre una grieta, ¡debes arreglarla de inmediato! No dejes que se haga más grande, o toda la estructura se puede derrumbar. Tú tal vez piensas que los problemas con el carácter solo te afectan a ti, pero ellos también afectan a todos aquellos que están bajo tu protección, enseñanza, y cuidado. Debes evaluar el estado actual de tu carácter, y debes tomar los pasos necesarios para corregir todo lo que veas. Al hacer esto, vas a fortalecer a toda tu familia.

El Fundamento Funciona Sin Ser Visto

¿Dónde se ubica el fundamento o los cimientos de un edificio? En el sótano o en las entrañas del mismo. Tú puedes ver las paredes, las puertas, las luces, y todo el mobiliario, pero una vez que el edificio ha sido construido y terminado, tú no puedes ver el fundamento o cimientos del edificio, sobre los cuales se encuentra construido. De la misma forma, tal y como es con esos cimientos o fundamentos, los hombres tienen que hacer lo que deben por todos aquellos que están alrededor de ellos, sin atraer la atención sobre ellos mismos.

Tú no puedes ver los cimientos o el fundamento. ¿Por qué? Está muy ocupado cargando con el peso de todo. Lo verdaderos hombres no anuncian sus responsabilidades. Los verdaderos hombres no andan de aquí para allá, diciéndole a todo el mundo, incluyendo a su esposa, lo que están haciendo por ellos. Los verdaderos hombres no publican en todas las comunidades lo que están haciendo por su familia. Tú solo ves que la familia está funcionando bien, y que están trabajando todos juntos en armonía. La palabra en inglés *esposo* se deriva de una antigua palabra escandinava que significa *el dueño de la casa*. Podemos decir que el esposo esta destinado a "apropiarse de la casa", y a mantenerla intacta. Él es el pegamento que mantiene a su familia unida. De la misma manera, un buen pastor no le dice a los miembros de la iglesia todo lo que él ha hecho por ellos; la comunidad puede ver o experimentar los resultados de su trabajo.

Nunca les digas a tus hijos lo que estás haciendo por ellos. No le arrojes en la cara a tu esposa, lo que estás haciendo por ella. Después de todo, ella estaba mejor en casa de sus padres. Los verdaderos hombres no tienen ni siquiera que mencionar nada de esto. Ellos solo llevan a cargo la responsabilidad.

La parte más importante de un edificio, es la parte que tú no puedes ver. Debes convertirte en un verdadero hombre para tu familia, para la comunidad, y para tu nación, en quien puedan estar seguros, sabiendo que no te vas a derrumbar, debajo de ellos, a pesar de todas las fuerzas que vengan contra ti.

El Varón Es el Ancla

Los hombres no solo son el fundamento, sino también son el ancla de la familia humana. Un *ancla* está definida como "el soporte principal y confiable: el asta mayor o la columna de la organización" y como "algo que sirve para sostener un objeto muy firmemente". Otra definición es "algo que da seguridad y estabilidad". Tú necesitas estabilidad y seguridad en un medio ambiente que es inestable y muy inseguro. Esa es la descripción del mundo en que vivimos actualmente.

El Ancla Asegura y Trae Reposo

Como verbo, *anclar* significa "asegurar, detener, o reposar". Esas tres palabras tiene un gran significado, y dan una magnifica descripción de la paternidad. Los hombres están supuestos a "abrochar el cinturón de seguridad de la sociedad"—que es asegurarla con sus creencias y principios inmutables. El varón también está supuesto a detener cosas, que sean dañinas para otros, y ver que no sucedan. Como anclas, podemos detener a nuestras famitas para que no sean arrebatadas por las corrientes de la inmoralidad, estabilizando a los jóvenes que se sienten desconcertados, y trayendo seguridad y orden a las comunidades. El ancla también trae reposo—cuando la gente tiene una verdadera ancla presente en su vida, ellos pueden experimentar una paz interior.

Debes pensar en tu familia como si fuera un barco, y tú fueras el ancla de ese barco. Un barco no tiene fundamentos o cimientos en sí mismo. El casco, los mástiles, las velas, la plataforma, y aún el timón no pueden cumplir con esa función. Tu barco se puede ver muy hermoso en el exterior, sin embargo, en sí mismo, no tiene fundamento alguno. La única cosa que asegura un barco es el ancla. Cuando el ancla se encuentra en su lugar, todo el casco del barco entra en reposo. Aun si el barco es golpeado, torcido y deshecho por las olas, un ancla fuerte impide que se rompa en pedazos, y le permite hacerle frente a las tormentas.

El Ancla Se Pone a Prueba Durante las Tormentas

No importa que tanto presumas tú, acerca de la fuerza de un ancla; la única manera de ponerla verdaderamente a prueba, es durante una intensa presión. Cuando yo estaba creciendo en las Bahamas, donde aún vivo, mis amigos y yo teníamos un pequeño bote que era llamado El ballenero de Boston. Trabajábamos durante los veranos, y llegamos a comprar nuestro propio bote con nuestros ahorros. Solíamos salir al mar y practicar el esquí acuático todos los días, después de ir a la escuela. Me encantaba el esquí acuático, y ese sentir de ir volando sobre el océano.

Un día, fuimos detrás de la isla Rose, y estábamos esquiando, cuando decidimos hacer un poco de buceo de superficie, cerca de una arrecife. Encontramos una roca, y pusimos el ancla en ella, pero la corriente era tan fuerte, que estaba jalando el ancla, y de hecho, la rompió. Ahora sí nos encontrábamos en peligro; teníamos un bote sin ancla, en medio de una corriente muy fuerte. Afortunadamente, la corriente llevó el bote adonde pudimos llegar a casa sanos y salvos. Pero la experiencia me enfatizó el hecho de que tener un ancla no es suficiente. Tú ancla debe ser capaz de aguantar las corrientes más fuertes, y las tormentas de la vida.

Existen fuerzas sociales y culturales, así como contratiempos inesperados, que van a controlar el curso de tu vida, si es que no has descubierto como ser un ancla muy fuerte. Debes darte cuenta que si te quiebras bajo la presión, tu "barco" va a ser víctima de todas estas corrientes y tormentas. De la misma manera que no es suficiente decir que tu bote tiene un ancla muy fuerte, no es suficiente, el hecho de decir "yo soy todo un hombre". Tú debes preguntarte, "¿Qué tipo de hombre soy? ¿Qué clase de corrientes y tormentas soy capaz de enfrentar?"

Debes estar bien seguro que la primera decisión que mis amigos y yo hicimos, cuando regresamos a casa, fue comprar un ancla nueva y muy fuerte, porque sabíamos que no podíamos salir otra vez en nuestro bote, si no contábamos con una. No te vayas al mundo sin tener tu ancla colocada en el lugar correcto. El hecho de tener un ancla bien fuerte, te quita el miedo de las corrientes.

Aquí hay una confirmación de seguridad, de parte de nuestro Gran Creador, a través del apóstol Pablo:

No os ha sobrevenido ninguna tentación que no sea común a los hombres; y fiel es Dios, que no permitirá que vosotros seáis tentados más allá de lo que podéis soportar, sino que con la tentación proveerá también la vía de escape, a fin de que podáis resistirla. (1ª Corintios 10:13)

No importa que es lo que venga en tu contra, o cuales sean los problemas inesperados que surjan. Tal vez se echaron a perder los planes que tenías para tu vida o para tu familia. Tal vez te han sucedido ciertas cosas que no pudiste prever. Debes mantener en tu mente la promesa de Dios. Él no las hubiera permitido en tu vida, a menos que tú no fueras capaz de vencerlas, por medio de Su fuerza. Dios va a verificar tu calidad como ancla, a través de la manera como tú respondas a las pruebas que Él permita que vengan a tu vida.

Algunos de ustedes tal vez estén diciendo, "¡Pero esta es la peor situación que jamás he tenido!" Dios te está diciendo, "No, esta es la mejor revelación de lo fuerte que eres en Mí". Dios no permitiría que pasaras por eso, si tú no fueras suficientemente fuerte para ello. Si tu prueba es más grande que la prueba de tu vecino o de tu compañero de trabajo, esto se debe, por el momento, a que la capacidad de tu ancla es mucho más fuerte. De otra manera, Dios no habría permitido esa prueba.

Yo soy responsable personalmente de asegurar millones de dólares cada mes para los gastos de operación de mi compañía. Yo no solo soy el presidente; soy el hombre clave, para usar un término de seguros. Yo genero lo que sucede en la compañía. Yo soy capaz de manejar esta responsabilidad, porque el Creador me ha dado esta prueba cada mes, y yo he aprendido como vivir con este tipo de presión, por medio de depender de Su gracia y de Su provisión. Por lo tanto, yo no ando por todos lados, quejándome, cuando el dinero no está aquí todavía, ni ando preguntando, "¿por qué está haciendo esto el diablo?", o "¿por qué yo tengo que aguantar estos tiempos tan difíciles?" Yo no tengo ningunos tiempos difíciles; ¡yo soy un ancla muy fuerte! Yo he sido probado en muchas tormentas.

Dios revela la calidad de tu anclaje, a través del nivel de prueba que Él permite que tú pases. Así que, si no estas pasando por muchas pruebas, la calidad de tu temple o entereza está todavía muy débil, o solo necesitas esperar un poquito más; ya vendrá. Tú puedes orar y ayunar todo lo que quieras, o donar millones a la iglesia, pero aun así, todavía necesitas ser probado, "*Sabiendo que la prueba de vuestra fe produce paciencia, y que la paciencia ha de tener su perfecto resultado, para que seáis perfectos y completos, sin que*

El Varón como Fundamento y Ancla

os falte nada" (Santiago 1:3-4). No permitas que nadie te diga que seguir a Cristo Jesús es una aventura sin pruebas.

La Debilidad Se Pone a Prueba para Asegurar Su Fortaleza

Debemos convertirnos en hombres de pruebas. Ninguna visión es válida, a menos que haya sido probada. Una de las claves principales en las pruebas, es que tus pruebas son diseñadas a través de tus declaraciones. Esto significa que si tú no quieres ningún tipo de pruebas, no declares que vas a hacer algo en la vida. En el momento en que haces la declaración de que vas a hacer algo, la vida va a comenzar a probar tu decisión.

Por ejemplo, si un hombre dice, "no voy a tener sexo antes de casarme", entonces, todas sus exnovias comienzan a aparecer en su vida en la siguiente semana. Y él se va a preguntar qué es lo que está sucediendo. Él acaba de invitar esas pruebas por medio de la declaración que hizo. O tal vez tú digas, "¡voy a comenzar un negocio!" Esa declaración va a ser probada, por medio de obstáculos y retrasos, para ver si realmente eres serio en aquello que declaraste. ¿Recuerdas lo que Pedro le dijo una vez a Jesús? *"Señor, estoy dispuesto a ir contigo tanto a la cárcel como a la muerte"* (Lucas 22:33). En otras palabras, "Señor, yo no sé acerca de los otros discípulos, pero en lo que a mi respecta, yo nunca Te dejaré, ni Te abandonaré". ¡Oh no, Pedro! Tú deberías haberte detenido a pensar, antes de declarar eso. Ahora, tú estás en problemas. Jesús de hecho, le respondió, "Pedro, Satanás acaba de pedir que tú comparezcas ante juicio por esto que acabas de decir. Yo he orado que tu fe no falle en medio de todo esto, y que tú sigas creyendo en todo aquello que Yo te he dicho". (Favor de ver los versículos 31–32).

Un ancla es probada a través de las tormentas; y solo es tan buena, como aquello que puede soportar. Algunos de ustedes están leyendo esto, porque Dios va a ponerlos en una prueba bien grande, y Él quiere que tú recuerdes estas instrucciones. Él quiere que estés consciente, que estás a punto de entrar en un gran proyecto, que Él planeó para ti. Tal vez, te atemorice al principio, pero Él quiere que tú aprendas a sobrevivir las tormentas que son pequeñas, para que puedas enfrentar las tormentas más grandes, y que se pueda cumplir tu visión. Dios te va a probar antes de poder confiarte la visión. Si Dios te va a confiar con algo, y te va a usar para que se cumpla, Él tiene que probarte primero.

Mientras que satanás nos tienta, después de que hemos declarado algo, con el propósito de hacer que nos rindamos, la Biblia dice que Dios nunca nos tienta. Él nos prueba y nos refina. ¿Cuál es la diferencia entre una prueba y una tentación? Una prueba se parece más al hecho de templar el metal. Los griegos y los romanos usaban el templado en el proceso de construcción de sus espadas, mismas que usaban en las batallas. Ellos tomaban un pedazo de acero, y lo ponían en el fuego, hasta que se calentaba tanto, que podías ver a través de él, y podías determinar si tenía puntos negros en su estructura metálica. Los puntos negros revelados por el calor, eran áreas donde las moléculas no estaban suficientemente unidas, y esto las constituía en áreas débiles. Cuando estas manchas eran descubiertas, ellos ponían la espada al rojo vivo en un yunque de hierro, y la golpeaban con un mazo de hierro. Golpeaban los puntos que tenían las manchas negras, y a medida que golpeaban, las moléculas se unían para formar una consistencia sólida y compacta. Las golpeaban una y otra vez, hasta que ya no podían ver ningún punto o mancha negra en el acero. Entonces, ponían la espada en agua bien fría, y el acero se endurecía. Después, volvían a poner la espada en el fuego hasta que se calentaba y se podía moldear otra vez, y volvían a buscar si acaso tenía manchas negras. Si encontraban nuevas manchas, repetían el proceso nuevamente. Se

> Dios permite que pases por pruebas y problemas, para poder exponer "tus puntos débiles", y que Él pueda removerlos.

mantenían repitiendo esto—fuego, golpeándola, agua fría—hasta que ya no podían encontrar ninguna mancha negra en el acero.

Después que una espada ha pasado todo ese proceso, entonces, se aseguraban que no se iba a quebrar en medio de una batalla, donde la vida de un soldado dependía de ella. Tú nunca puedes poner tu confianza en una espada que no ha sido probada y templada. Este proceso es muy similar al proceso que Dios usa para probarnos. *Templar significa probar, buscando todos los puntos débiles, para asegurarse que está suficientemente fuerte.* Dios no necesita del proceso de templado para poder ver tu verdadero carácter. Él ya puede ver dentro de ti, y Él conoce tus "manchas secretas". Él conoce tus hábitos, tus debilidades, tus amistades que no saludables, y también, la basura que has estado tratando de esconder. Él lo sabe todo acerca de ti. Este proceso de templado es para tu propio provecho. Él te permite que pases por pruebas y problemas, para que puedas llegar a reconocer todo aquello que ha estado atando y obstaculizando tu vida.

Pasar por una tentación puede tener el mismo resultado, si nos mantenemos firmes en nuestra fe. De nuevo, Dios no tienta a nadie, pero Él le va a permitir a satanás que lo haga. Cuando Jesús fue llevado ante la presencia de Caifás, que era el sumo sacerdote en ese entonces, Dios le permitió a satanás que pusiera presión en contra de Pedro, como resultado, cuando le preguntaron a Pedro si él había estado con Jesús, él mintió diciendo, "¡yo no le conozco!" Pero debes recordar que Jesús ya le había dicho a Pedro, desde antes, "Voy a orar para que tu fe no falle en medio de la presión, y que cuando regreses conmigo, puedas fortalecer a todos tus hermanos". (Favor de ver Lucas 22:32). Aunque Pedro negó a Jesús, él nunca perdió su fe en Él; Pedro se arrepintió, y Jesús lo restauró. (Favor de ver Juan 21:15–19).

Dios permite las tormentas en tu vida para poder exponer "tus manchas negras" o "puntos débiles". Debes aprender cuales son, y debes permitirle a Dios que los quite de ti, porque solo vas a ser tan fuerte como las tormentas que tú puedas sobrevivir.

Cada vez que sobrevives una tormenta, algunas manchas negras o puntos débiles están siendo golpeados y removidos de tu vida. Mientras más tormentas pases, más manchas negras y puntos débiles son removidos. Una vez que todos esas manchas y puntos débiles han sido quitados, entonces, Dios puede llamarte Su espada. Él te va a sostener en alto como un ejemplo, y va a decir, "Este hombre va a defender Mi causa. No tengo el riesgo de que se vaya a romper en medio de la batalla".

¿Alguna vez te has preguntado por qué existen tantas "celebridades cristianas" que se agrietan en medio de las pruebas? No han estado en el fuego el tiempo suficiente. ¡No quisieron quedarse debajo de ese mazo todo el tiempo que debían hacerlo! No fueron fortalecidos con esa agua fría. Fuimos hechos para soñar en grande, pero debemos recordar que a lo largo de ese camino, vamos a ser puestos en el fuego, vamos a ser golpeados con el mazo, y puestos en agua fría. Algunas veces, tan pronto como salimos del agua fría y pensamos que ya se acabó la prueba, Él nos va a poner otra vez en el fuego, porque necesitamos ser refinados todavía más.

Piensa acerca de la vida de Abraham. El Señor le dijo, básicamente, "Abraham, te voy a confiar con una nueva nación que quiero construir. Por lo tanto, tengo que ponerte a prueba. Mata a tu único hijo, el hijo de la promesa, como sacrificio para Mí". Abraham tenía que tener una gran fe en medio de esta prueba, para poder creer, que si él mataba a Isaac, Dios lo levantaría de entre los muertos. Abraham puso en práctica esta fe, y pasó la prueba. Dios no quería matar a Isaac; Él necesitaba saber que Abraham lo iba a poner a Él primero, antes de cualquier otra cosa, y que podía confiar en Él, para que cumpliera Su promesa en la manera y en el tiempo que Dios quisiera hacerlo. De la misma manera, Dios puede decirte, "Quiero que me des tu negocio éste año. Quiero "matarlo". Si tú respondes, "¡Oh Dios, pero he trabajado tan duro para llegar hasta aquí! ¡No me quites mi negocio! "dame el negocio. Quiero ver si me amas más que a tu negocio. Últimamente, has estado pasando más tiempo en tu negocio que en la iglesia o en oración, así que, dame tu negocio este año". Si comienzas a quejarte con Dios, Él tal vez te diga, "¿Ves? Si no puedo confiarte con esto, entonces, no puedo confiarte con cosas más grandes".

Las anclas están diseñadas para asegurar un barco, por eso es que deben ser probadas. En medio de una emergencia ya es muy tarde para comenzar a probarlas. Cuando un barco se dirige hacia un arrecife rocoso, su ancla lo debe sostener. De la misma forma, cuando tu familia se mete en problemas, *tú* debes sostenerla. Debes mantener a tu familia unida. Si eres el mayor de los varones que viven en casa, con tu madre y tus hermanas, y si tu padre ya no está presente, tú eres "el padre" de ese hogar. Tu madre no fue diseñada para ese propósito. Jesús tomó el liderazgo de Su familia, después que José murió. Y Él se aseguró, aún antes de expirar, que su madre iba a estar segura en el hogar de Juan, después de que Él hubiera partido. Él estaba siendo el Sostén de Su madre.

> Las anclas deben ser probadas previamente. En medio de una emergencia ya es muy tarde para comenzar a probarlas.

Cuando el ancla de una familia falla, el desastre se hace inevitable. Si abandonas tu matrimonio, no solo vas a destruir una familia, pero también vas a dañar a toda una comunidad. Si eres un pastor, y las cosas no están marchando bien, y tú abandonas el púlpito, antes de que Dios te llame a hacerlo, vas a causar problemas en el Cuerpo de Cristo. Esa no es una decisión que solo afecte tu vida, debido a que fuiste llamado a ser un ancla.

Debes recordar que las tormentas solo duran por una temporada. Estás siendo probado para asegurar tu fuerza como padre. Vas a regresar de las tormentas más fuerte que nunca, de una manera, que los demás nunca te habían conocido antes. Tus mejores años están delante de ti. Tal vez, ahora es el tiempo de sembrar solamente. Tú has estado plantando, pero la cosecha está por venir. Dejemos que Dios te refine, para que pueda emerger un nuevo hombre.

Tú eres un ancla. Protege tu barco a través de todo este viaje, para que pueda llegar a su puerto de destino, sano y salvo.

PRINCIPIOS DEL CAPÍTULO

1. El Reino de Dios enseña que el varón es el fundamento del hogar—él está a cargo de todo.

2. Dios le dio toda la información al hombre, para que enseñará a todos aquellos que salieran de él.

3. Dios puso a los hombres como fundamento de la familia, y ellos necesitan tener mucho cuidado de no permitir que se produzcan ningunas grietas en su carácter, las cuales pueden llevar al desastre de su familia.

4. El fundamento funciona sin ser visto. Como el fundamento, los hombres tienen que hacer aquello que es su deber, para todos aquellos que los rodean, sin tratar de atraer la atención sobre sí mismos.

5. Los hombres no solo son el fundamento, sino también el ancla de la familia humana. Un ancla es el sostén principal y confiable; "como si fuera la columna de apoyo", "algo que sirve para sostener un objeto firmemente", y "aquello que da estabilidad y seguridad".

6. Anclar significa "Abrochar el cinturón de seguridad de algo, detener, reposar". Las anclas aseguran y ponen las cosas bajo un estado de reposo.

7. La fuerza de un ancla solo puede ser probada durante la presión más intensa.

9. Nuestras debilidades son expuestas a través de las pruebas. De esta manera, podemos aprender cuáles son, y podemos permitirle a Dios que las remueva, para que podamos convertirnos en anclas muy fuertes.

Capítulo 3

La Piedra Angular de la Paternidad

S i tú estás pensando que ser un fundamento o un ancla significa tener demasiado peso o mucha responsabilidad para ti, entonces, tú estás en lo correcto. Tanto el fundamento como el ancla necesitan reposar y depender de una roca muy sólida, si es que van a ser capaces de sostener las cosas que dependen de ellos. De la misma manera, no basta con conocer tu función como padre; tienes que saber cómo poder inclinarte hacia un lado o hacia otro, para poder enfrentar el mal clima de las tormentas de que hablamos en el capítulo anterior.

Derribar para Poder Edificar

Cuando estaba en Londres, para un compromiso en donde tenía que hablar en un discurso, hace algunos años, pude notar que estaban excavando un fundamento, para construir un nuevo hotel, no muy lejos del estadio Millenium Dome. Desde la habitación de mi hotel, yo podía ver el lugar de la construcción. Tomé una foto para usarla en mis seminarios, porque pensé que era un impactante recordatorio de todo lo que se necesita para poder construir un edificio tan grande.

Cuando construyes un edificio, ¿qué es lo que haces primero? Comienzas por *derribar*.

Esto es asombroso, ¿o no? A medida que observé a los hombres en ese sitio de construcción, ellos seguía excavando y excavando, y yo pensé, *Dios mío, ese hoyo debajo de la tierra es equivalente a cinco pisos de un edificio.* Tenían que excavar tan profundo. ¿Qué es lo que estaban buscando al excavar tan profundo? Roca sólida. De una manera similar, aunque tú debes ser una roca firme para tu familia, ¿quién está cargando con toda la estructura? Un edificio físico descansa en su fundamento, pero el fundamento se encuentra descansando en la roca. Por lo tanto, si tú vas a ser un verdadero hombre, un verdadero padre, tú debes estar descansando en la Roca Sólida.

La Piedra Angular

Ahora, el varón es le fundamento, pero él no es la Roca. ¿Quién es la Roca? Es Cristo Jesús, tal y como podemos leer en Efesios,

> *Así pues, ya no sois extranjeros ni advenedizos, sino que sois conciudadanos de los santos y sois de la familia de Dios, edificados sobre el fundamento de los apóstoles y profetas, **siendo Cristo Jesús mismo la piedra angular.***
> (Efesios 2:19–20 se añadió énfasis)

Muchos de nosotros no estamos familiarizados con la importancia que tiene una piedra angular para un edificio; la forma como construimos la mayoría de nuestras estructuras hoy en día, lo que llamamos piedra angular viene siendo normalmente solo la fachada del edificio. En uno de mis viajes a Israel, sin embargo, yo pude ver un claro ejemplo de lo que significa que Cristo sea la Piedra Angular.

El grupo con el que estaba viajando se encontraba en la ciudad de Cesarea, y fuimos a visitar una sinagoga muy antigua, en donde se dice que Jesús había enseñado. Siendo la persona tan inquisitiva como soy, yo quise aprender qué era lo que se encontraba en el subsuelo. Yo siempre voy más allá de lo que la gente me dice, porque siempre estoy buscando educación y no solo información. Caminé alrededor de la pequeña sinagoga, y ahí dentro había una roca en el fondo del cimiento o fundamento, así que le pregunté a nuestro guía, quien era un rabino judío, "¿Qué es esa roca?" Él dijo, "Oh, esa es la piedra angular".

Su respuesta me hizo brincar, porque de inmediato pensé en el versículo en el libro de Efesios, y dije, "Explíqueme eso por favor". El rabí dijo, "Ponen el fundamento por medio de conectar piedras unas con las otras". En otras palabras, colocan las piedras donde puedan ser conectadas unas con las otras. Ellos no vertían concreto en esos días; ellos usaban un sistema de interconexión de piedras o rocas. Cada roca era moldeada en tal forma que encajaba perfectamente con la siguiente, colocándolas en su lugar. Cuando el fundamento estaba terminado, y se encontraban al final de la conexión de estas rocas, una roca tenía que acabar conectando las dos últimas rocas en un esquina, a fin de sellar todo el conjunto. Esa era la piedra angular. Sin una piedra angular, todo el fundamento se venía abajo. Si tú quieres destruir un edificio construido de esta manera, todo lo que tienes que hacer es remover la piedra angular.

> Tú no puedes edificar tu vida en la arena movediza. Necesitas excavar bien profundo, y encontrar la Roca Sólida.

Como hombre que eres, tú eres el fundamento de Dios para tu familia, pero es un fundamento interconectado, que necesita algo para poder mantenerlo unido y asegurado. Jesucristo Mismo es la única esperanza para tu supervivencia como padre, porque Él es la Piedra Angular.

Los hombres en todo el mundo están creado negocios e industrias, amasando fortunas, construyendo casas, haciendo barcos y aviones, y mucho más. Están construyendo, construyendo, construyendo, pero sus vidas se están desbaratando—la esposa los está abandonando, sus hijos están en las drogas, ellos mismos son drogadictos o alcohólicos, y no tienen sentido de lo que realmente es importante en la vida. Tienen muchas riquezas, pero todo se les está viniendo abajo, porque les falta la relación vital con Dios, y porque les falta la Piedra Angular. Si tú fueras completamente honesto, algunos de ustedes que están leyendo este libro, tendrían que admitir que no han querido tener a Cristo Jesús en su vida. ¡Pero de todas maneras lo necesitan! Él es esencial para tu vida. Deja de tratarlo como si Él fuera solo algo opcional.

Cuando dedicamos una escuela, una iglesia, o algún otro tipo de edificio, muy a menudo, ponemos una placa en una de las esquinas del edificio. Esta es una piedra angular ceremonial. No es una verdadera piedra angular, como la que acabo de describirte, pero ésta práctica viene de la colocación de verdaderas piedras angulares. ¿Qué nombre es el que ponen en esa piedra angular? Muchas veces, se pone el nombre del constructor o arquitecto. Si tú vas a Grecia o a Roma en estos días, todavía puedes ver quien construyó muchos de los edificios antiguos, porque el nombre del constructor se encuentra labrado en la piedra angular.

No importa que tan importante, talentoso o rico tú piensas que eres. ¿Quién te está manteniendo en una sola pieza? ¿Cuál es el nombre que se encuentra labrado en tu piedra angular? Si acaso es Buda, Mahoma, Confucio, Cientología, secularismo, humanismo, ateismo, materialismo—cualquiera que sea—en lugar de ser Cristo Jesús, yo puedo predecir el futuro de tu edificio. Va a caer a final de cuentas. Pero la Escritura nos asegura, *"He aquí, pongo en Sión una piedra escogida, una preciosa piedra angular, y el que crea en El no será avergonzado"* (1ª Pedro 2:6).

De la misma manera que los trabajadores que construyen un edificio, destinado a ser un gran hotel, tú no puedes construir tu vida en un suelo que se está moviendo todo el tiempo, cada vez que encuentra mucha presión. Necesitas excavar bien profundo, y necesitas encontrar la Roca Sólida. Jesús dijo,

Todo el que viene a mí y oye mis palabras y las pone en práctica, os mostraré a quién es semejante: es semejante a un hombre que al edificar una casa, cavó hondo y echó cimiento sobre la roca; y cuando vino una inundación, el torrente rompió contra aquella casa, pero no pudo moverla porque había sido bien construida. Pero el que ha oído y no ha hecho nada, es semejante a un hombre que edificó una casa sobre tierra, sin echar cimiento; y el torrente rompió contra ella y al instante se desplomó, y fue grande la ruina de aquella casa. (Lucas 6:47–49)

Anclado en la Roca

Existe un concepto muy parecido al de la piedra angular, con relación a la analogía del ancla. Por doce años seguidos, cada día sábado a las 5:00 de la mañana, mis asociados y yo vamos al mar en nuestro bote para pescar con lanza. Tenemos la costumbre de ir a pescar cada fin de semana, y nuestras esposas aman esto, porque nunca tenemos que ir a comprar pescado. Esto nos mantiene muy unidos porque tenemos que cuidar las espaldas unos de otros, debido a los tiburones y otro tipo de peligros, cuando estamos dentro del agua. Sabemos que podemos encontrar una corriente muy fuerte o incluso, una tormenta, pero debido a que tenemos un ancla a bordo, nunca sentimos temor de esto.

La palabra *Bahamas* significa "aguas superficiales", pero existe un lugar donde el mar se profundiza en un abismo como de seis mil pies de profundidad, que es llamada la lengua del mar. Una vez, cuatro de nosotros, así como la esposa de uno de ellos, fuimos a pescar. Estábamos buceando en el arrecife justo al lado de la lengua del mar. En tanto nos manteníamos en el lado poco profundo, el ancla del barco nos podía sostener, porque podía tocar fondo y este fondo era rocoso. Pero de repente, de forma sorpresiva, pusimos el ancla en un banco de arena, y la corriente de la lengua de mar comenzó a jalar el barco. No nos dimos cuenta, y el capitán del barco tampoco se dio cuanta del problema.

Cuando el barco se quedó a la deriva en medio de la lengua de mar, el ancla no tenía nada donde pudiera agarrarse; estaba a miles de pies sobre el fondo del mar. Cuando nos dimos cuenta de lo que estaba sucediendo, le dijimos al capitán, y él trató de arrancar el motor, ¡pero el motor no quiso arrancar! El barco estaba a la deriva sobre las profundidades del océano.

Ese fue un momento que jamás podre olvidar. Allí estábamos, siendo jalados por una corriente muy fuerte, y nuestro único refugio era ese bote, y el bote no quería arrancar. Oramos, "Dios ¡haz que el motor arranque!" En ese momento, el ancla del barco no servía para nada como seguridad para nosotros, porque no tenía nada de donde sostenerse, y estaba siendo víctima de la corriente.

Cayó la noche, y estaba totalmente oscuro sobre el mar; no podíamos ver nada en nuestro derredor, y no teníamos idea alguna de donde estábamos, y seguíamos a la deriva. Déjame decirte, entre nosotros se encontraban dos oficiales de policía, un hombre de negocios, y dos graduados de la universidad con doctorados. Sin embargo, nuestras habilidades colectivas, educación y experiencia profesional no nos podía ayudar, ni por un solo momento. Sin una roca sólida para nuestra ancla, estábamos a merced de la corriente. Nuestras credenciales no iban a detener esa corriente, ni podían decirnos en qué parte del océano nos encontrábamos. Y tampoco podían hacer nada para ayudar a la esposa de nuestro amigo que estaba con nosotros; ella estaba en el mismo predicamento en que nos encontrábamos nosotros. Más aún, las otras esposas, y el resto de las familias estaban llenas de pánico en casa. No tenían idea de donde nos encontrábamos, y estaban despiertos toda la noche, preocupándose por todos nosotros. ¿Qué hubiera pasado si nunca nos hubieran encontrado?

Después de andar fuera toda la noche en la oscuridad, finalmente fuimos rescatados. Nuestras familias habían contactado al equivalente de la Guardia Costera en las Bahamas, y un barco militar muy bien equipado vino y nos encontró.

Dios te ha llamado a ser el ancla de tu familia. Existen muchas influencias malignas en el mundo que tratan de jalarte a ti y a tu familia.; tú no vas a ser un ancla segura para mantener firme "el barco de tu familia", si no tienes nada sólido de donde sostenerte. Necesitas roca, no arena, o de otra manera, vas a andar a la deriva y fuera de control, y vas a ser abrumado. No se trata solo de tu vida, sino de la vida de los miembros de tu familia, que dependen de que tu ancla los pueda sostener. Si no los puedes sostener, y te pierdes, quedando a la deriva "en el mar", ¿qué es lo que ellos van a hacer? Si los hombres no saben hacia donde se dirigen, todo mundo se pierde, porque ustedes traen consigo a sus esposas y a sus hijos. Sin embargo, cuando tú te estas sosteniendo en algo que es sólido, ellos pueden confiar en ello y no temer.

> Vuelve a conectarte, y sométete a Cristo Jesús como la Piedra Angular de tu vida.

Recuerda, Jesús dijo que no puedes construir tu casa sobre la arena, o de otra manera se derrumbará. No puedes decir, "soy un hombre, y tengo esto y aquello, y por lo tanto, todo va estar bien". Esto no basta. Aunque el ancla es tan pesada, aún así, necesita algo mucho más pesado donde pueda sostenerse. Soy un pastor, hombre de negocios, consejero para el gobierno, inversionista, orador, y maestro, autor de diversos libros, pero cuando se me presenta una tormenta, tengo que aferrarme de la Roca que es más fuerte que yo. El rey David escribió, *"Desde los confines de la tierra te invoco, cuando mi corazón desmaya. Condúceme a la roca que es más alta que yo"* (Salmo 61:2). No importa que tan exitosos seas tú, debes encontrar la Roca, porque tu familia depende de que tú puedas sobrevivir. Conéctate con Jesús, y asegura tu fundamento. *"Edificados sobre el fundamento de los apóstoles y profetas, siendo Cristo Jesús mismo la piedra angular, en quien todo el edificio, bien ajustado, va creciendo para ser un templo santo en el Señor* (Efesios 2:20-21). En esta Roca, Cristo Jesús, todo el edificio se mantiene unido.

Cuando tienes a Jesús como tu Piedra Angular, el Espíritu de Dios vive dentro de ti como tu "motor interno", y Su poder nunca falla. Él te va a enseñar y te va a fortalecer; Él va a guiar tu consciencia, y va a establecer tus convicciones, para que puedas llegar a puerto sano y salvo. De la misma forma como nuestras familias dependieron de una autoridad superior—como lo es el Servicios de Guarda Costas—para ayudarnos en esa crisis, el Espíritu Santo te va a dirigir y te va a proteger, tanto en la calma del océano, como en medio de las tormentas de tu vida. Aun si estás rodeado de tinieblas, Él te guiará en la dirección correcta. De nuevo, David escribió, *"Si digo: Ciertamente las tinieblas me envolverán, y la luz en torno mío será noche; ni aun las tinieblas son oscuras para ti, y la noche brilla como el día. Las tinieblas y la luz son iguales para ti* (Salmo 139:11-12).

Construido para Poder Manejar el Futuro

He trabajado con líderes que han atravesado en medio de crisis en su vida, y de repente se dieron cuenta, que existía un vacío en sus planes; no sabían qué hacer, porque nunca se habían preparado para ello. No es tan importante lo que te sucede, como lo que tú haces con lo que te sucede. Piensa otra vez en los trabajadores en la construcción, que estaban excavando para el fundamento del hotel. Ellos pusieron tanto concreto y acero en ese hoyo, que me recordó del proceso que usa Dios para edificar a los hombres. Yo creo que el contratista pasó más tiempo en ese fundamento, que en el resto del edificio.

Cuando Dios trabaja en el fundamento, Él hace lo mismo. Si tú haces de Jesús tu Piedra Angular, Dios te va a edificar tan bien, para que Él pueda saber que tú puedes soportar la altura del edificio. No Se va a preocupar acerca de que te puedas derrumbar. Si tú no conoces a Jesús como tu Piedra Angular, no dejes que pase otro día sin tener esa seguridad. No estoy hablando acerca de "religión" o de "iglesias". Estoy hablando acerca de conectarte y someterte a Cristo Jesús como tu Piedra Angular. Tenemos que someternos a Él, porque sin Él, no somos nada, y no podemos hacer nada. (Favor de ver Juan 15:5).

Hemos visto que un ancla es conocida por las tormentas que ha sobrevivido. ¿Qué es lo que esto significa para ti, en términos prácticos? A veces, no queremos pensar en cierto tipo de escenarios, pero, ¿qué harías, por ejemplo, si tu esposa muriera? ¿Estás listo para eso? ¿Podrías manejar ese tipo de tormenta? En primer lugar, tú tendrías que soltar tu ancla lo más rápido posible, y asegurarla en La Roca. En seguida, tendrías que asegurarte, que no te mueves de ese lugar, porque tus hijos van a estar agarrándose y dependiendo de ti, viendo que tú los puedas sostener. Tienes que mantenerte en La Roca, porque la tentación puede venir, para aprovecharse de tus debilidades, durante este tiempo de dolor.

A medida que te mantienes agarrado de La Roca, en medio de cualquier crisis que encares, tu fundamento va a estar seguro. Entonces, igual que Pablo dijo, vas a poder edificar un templo para Dios en medio de ello. *"En quien (Cristo Jesús) todo el edificio, bien ajustado, va creciendo para ser un templo santo en el Señor"* (Efesios 2:21). Si tu edificio está puro, ¿quién va a habitar en él? Dios viene a habitar en una vida bien edificada, y en una familia bien edificada. Si Él es tu Piedra Angular, Él vive en ti. Y si tú tienes un fundamento fuerte en Él, Él vive en todo aquello que tú estés sosteniendo y que dependa de ti—ya sea tu matrimonio, la familia, una iglesia, o un negocio. Se convierte en un lugar santo de habitación, donde Dios va a morar.

Un Hombre a Prueba de Cualquier Tipo de Temporadas

Por tanto, cualquiera que oye estas palabras mías y las pone en práctica, será semejante a un hombre sabio que edificó su casa sobre la roca; y cayó la lluvia, vinieron los torrentes, soplaron los vientos y azotaron aquella casa; pero no se cayó, porque había sido fundada sobre la roca. Y todo el que oye estas palabras mías y no las pone en práctica, será semejante a un hombre insensato que edificó su casa sobre la arena; y cayó la lluvia, vinieron los torrentes, soplaron los vientos y azotaron aquella casa; y cayó, y grande fue su destrucción. (Mateo 7:24-27)

Jesús dijo, *"y cayó la lluvia".* Él no dijo, *"tal vez* caerá la lluvia". En otras palabras, tanto el individuo que edifica sobre la roca, como el individuo que edifica sobre la arena, tienen que pasar por la tormenta.

Uno de mis grandes mentores, Oral Roberts, me enseñó un dicho muy importante, "Hijo, si vas a tener éxito en la vida, espera lo mejor, y prepárate para lo peor". Ese consejo me ha mantenido muy sano. Espera lo mejor—esa es una muy buena actitud. Pero debes estar preparado para lo peor—esta es una actitud muy sana. Pasamos por diferentes etapas en la vida, y necesitamos estar preparados para ellas, por medio de establecer nuestra vida en La Roca.

Un versículo de la Escritura que me ayudó a establecerme, cuando yo era muy joven, todavía sigue guiando mi vida hoy en día. Este versículo es crítico para el éxito espiritual y personal: " *Hay un tiempo señalado para todo, y hay un tiempo para cada suceso bajo el cielo"* (Eclesiastés 3:1). Todo en la vida tiene su tiempo. Este conocimiento salvó mi vida. Esto significa que cualquier dificultad que estamos experimentando, no va a durar para siempre. Sin embargo, también significa que aquello que estamos disfrutando en este momento, tal vez no dure para siempre. Muchos de nosotros no queremos oír esto, y por eso es que experimentamos depresión, cuando llegamos a perder algo—porque pensamos que nos iba a durar para siempre.

Déjame sugerirte que aunque estás en Cristo Jesús, no eres inmune a las tormentas. Vemos gentes que son hombres y mujeres de Dios, y que son fieles en el servicio del Señor, que oran fielmente, que han impartido seminarios de enseñanza, y conferencias, y realizado cruzadas, levantado ministerios, y que han servido a las gentes en gran manera, pero que se encuentran en algún tipo de crisis, y decimos, "Se supone que esto no debe sucederle a gentes como estas". No importa que tipo de "casa" es la que tú tienes, si la tormenta está en camino. El asunto a considerar no es la tormenta. El asunto que se debe considerar es el fundamento. Yo no sé qué tipo de tormenta vas a tener. Tal vez, no va a ser el mismo tipo de tormenta que tu amigo tenga, o que la persona que se sienta junto a ti en la iglesia tenga. Pero se está acercando. Yo quiero que tú seas capaz de decir, "estoy pasando por una tormenta muy dura, pero mi ancla me está sosteniendo. El año pasado estaba muy próspero, pero este año estoy a punto de ir a la quiebra, pero todavía tengo mi ancla. Me estoy sosteniendo de Cristo Jesús. Solo es por una temporada". Tú tienes que mantenerte creyendo.

> Tanto el hombre que construye su casa sobre la roca, como el hombre que construye su casa sobre la arena, ambos tienen que atravesar por la tormenta.

"Hay un tiempo señalado para todo, y hay un tiempo para cada suceso bajo el cielo" (Eclesiastés 3:1). No debes de poner tu confianza en que cualquier cosa que pertenece a esta tierra va a permanecer para siempre, excepto por tu relación con Dios. Aún tu esposa es solo para una temporada. Los padres, amigos, compañeros de trabajo, pastores, miembros de la iglesia—todos ellos solo van a durar por una temporada. Debes estar preparado para el momento en que tienes que vivir sin ellos. Debemos tener nuestra ancla en La Roca, porque La Roca no tiene una temporada limitada—es Eterna. *"El eterno Dios es tu refugio, y debajo están los brazos eternos"* (Deuteronomio 33:27) Aún con relación a aquellos que vienen a decirte, "el Señor me envió

para que trabaje contigo", tú debes esperar que van a partir en algún momento. No planees todo tu futuro con ellos de manera indispensable. Esta perspectiva ha mantenido el nivel de mi sangre en un nivel normal y saludable. Así que, cuando un miembro de mi personal, se acerca y me dice, "el Señor me dijo que es tiempo de que yo me mueva a otro lugar", yo le digo, "Bueno, gloria al Señor, gracias por tu contribución en los últimos veinte años. Ahora, ¿En qué forma te puedo ayudar, para que puedas llegar adonde te diriges?"

> Debes saber cómo manejar lo que la vida te pone enfrente, sin ser llevado por cualquier ola o por cualquier viento de acá para allá.

Para todo lo que existe, hay un tiempo. Supón que tu negocio está marchando muy bien. Debes prepararte ahora mismo, para cuando tu negocio no esté marchando tan bien; decide que es lo que harías, si tu negocio tiene que atravesar por tiempos difíciles. No te llenes de pánico, y te pongas a decir, "Dios me ha abandonado, y el diablo ha tomado el control de todo esto". No, esta es solo una temporada. O tal vez, en la temporada que estás atravesando, nada te está funcionando. Tienes que cerrar las puertas de tu negocio, y volver a buscar un trabajo común y corriente. Dios te está diciendo, "Esta bien. Ve y busca un trabajo". ¿Por qué? "Es un trabajo que solo va a durar una temporada". Tal vez, no te gusta tu trabajo actual. Dios dice, "Eso no es un problema; todo dura solo una temporada". Debes pensar de esta manera. Debes saber cómo manejar lo que la vida te pone enfrente. Debes saber que un ancla no es llevada de acá para allá, por cualquier viento y por cualquier ola que le arremete.

Debes ser fuerte como hombre, porque la temporada va a cambiar. Si se muere tu bebé, o si tu esposa tiene un aborto, o si tu negocio se viene abajo el mes siguiente, ¿qué es lo que vas a hacer?

Algún hombre joven, tal vez diga, "No sé qué hacer, hombre, ella me dejó". Deja que pase esa temporada. Sigue adelante con tu vida, y permite que se cumpla tu propósito. Debes llegar a ser el hombre de Dios, en la manera como Él te diseñó. Deja que el mensaje de Dios llegue a tu espíritu, y permite que su martillo entre, y golpee en los puntos débiles de tu vida, porque tú eres un hombre fuerte, teniendo a Cristo Jesús como tu Piedra Angular. Tú puedes manejar esos tiempos difíciles. Hombres, cuando la tormenta golpee, y ustedes se den cuenta de que todo el barco está moviéndose de un lado al otro, y no estaban esperando esto, su esposa, no esperaba esto, los hijos no esperaban esto, o la iglesia no esperaba esto, y ahora, estás viendo la visión, el destino, y tu sueño, diciendo, "¿qué es lo que voy a hacer?" Dios dice, "tú eres el ancla—sostente de La Roca". Todo el mundo se está sosteniendo de ti, y aún en medio de tu miedo y temor, tienes que aferrarte a La Roca. Si pierdes tu contacto con Él, todo el barco se te va a hundir.

Muy a menudo, mis amigos y yo hemos ido en nuestros botes a pescar, a las seis de la mañana, y el agua es como vidrio, a medida que aceleramos sobre el océano. Para la una de la tarde, una tormenta puede venir, y debido a que nos encontramos a diez millas de la costa, tenemos que comenzar a asegurar todas las cosas a bordo. La temporada acaba de cambiar, y el barco se va a mecer durante la tormenta, pero todos saben lo que tienen que hacer; ya hemos sido entrenados para ello; estamos preparados para la tormenta. Sabemos como echar el ancla al mar. De hecho, buceamos, y personalmente, ponemos el ancla debajo de una roca. Y entonces, enfrentamos todo aquello que se nos presenta. Cuando la tormenta ya está encima de nosotros, entonces, ya es muy tarde para hacer cualquier otra cosa; el temporal ha llegado. Somos golpeados por todo viento y por todas las olas, y después de diez o quince minutos, todo ha pasado. La calma regresa, y podemos seguir pescando.

Va a ser de la misma forma contigo. Una vez que te has puesto en las manos de La Roca, y que te has preparado para el cambio de temporada en tu vida, vas a ser capaz de enfrentar la tormenta, y después, vas a poder seguir pescando. Todo va a estar bien, y van a haber mejores peces, porque la tormenta ha traído más peces cerca de la superficie. Detrás de toda experiencia tormentosa existe una experiencia saludable. Hay paz en la promesa de que nada en la tierra dura para siempre, pero La Roca siempre es Eterna.

La Roca para la Tormenta

"Y todo el que oye estas palabras mías y no las pone en práctica, será semejante a un hombre insensato que edificó su casa sobre la arena" (Mateo 7:26). Jesús llama tontos a todos aquellos que ignoran Sus Palabras. Tú puedes ser el director general de la compañía más importante, o tal vez tengas un título de post-grado, pero eres un director tonto, o un tonto postgraduado, si no te has anclado en La Roca que es inamovible. Él te va a convertir en un hombre sabio.

Tu familia te necesita. Tu negocio te necesita. Tu comunidad te necesita. Con Cristo Jesús como tu Piedra Angular, tú eres un fundamento fuerte e interconectado. *"He aquí, pongo en Sión una piedra escogida, una preciosa piedra angular, y el que crea en El no será avergonzado"* (1ª Pedro 2:6). Con Cristo Jesús como tu Piedra Angular, no importa lo que pueda suceder, porque tú siempre vas a acabar ganando. Tú no vas a ser avergonzado. Esta es una promesa. No importa lo que tu ministerio esté atravesando, Jesús te dice que te ancles en La Roca, y que no serás avergonzado. Así, que, cuando las olas se estrellen en contra de ti, déjalas que lo hagan. Tú tienes La Roca para esa tormenta.

¿Cuál es la piedra angular de tu familia? ¿Qué clase de fundamento tienes tú? ¿Acaso tu ancla va a soportar las tormentas? Tú puedes llegar a ser el tipo de padre, tal y como Dios te diseñó. Los siguientes capítulos te van a enseñar las funciones específicas de la verdadera paternidad, que te va a capacitar, para que seas el fundamento de tu familia, a medida que dependes en La Piedra Angular de todas las rocas. Entonces, tú les vas a poder enseñar a tus hijos, y a muchos otros jóvenes como ser el fundamento en su generación.

Principios del Capítulo

1. El varón es el fundamento, pero la Piedra Angular es Cristo Jesús.

2. Sin la Piedra Angular, el fundamento se viene abajo.

3. Si tú haces de Cristo Jesús tu Piedra Angular, Dios te va a edificar tan bien, que vas a ser capaz de sostener el peso de todo el edificio.

4. Un ancla es conocida por las tormentas que ha sobrevivido. A medida que te sostienes en La Roca, en medio de cualquier tipo de crisis que estés enfrentando, tu fundamento va a permanecer seguro. Dios viene a habitar en una vida bien edificada, y en una familia bien edificada. *"En quien (Cristo Jesús) todo el edificio, bien ajustado, va creciendo para ser un templo santo en el Señor"* (Efesios 2:21).

5. Atravesamos diferentes tipos de temporadas en la vida, y necesitamos estar preparados para ellas, por medio de establecer nuestra vida en La Roca.

6. Los cristianos consagrados no están exentos, ni son inmunes a las tormentas de la vida.

7. Detrás de cada experiencia tormentosa, existe una experiencia saludable.

8. Con Cristo Jesús como tu Piedra Angular, no importa lo que suceda, tú siempre acabas por ser el ganador, y tú no serás avergonzado. (Favor de ver 1ª Pedro 2:6).

Parte II

La Función del Varón:

Diez Funciones Básicas de la Paternidad

Capítulo 4

El Padre como Recurso y Progenitor

Las Funciones de la Paternidad

L a medida que deberíamos usar para entrenar y calificar a los padres, la podemos encontrar dentro de las siguientes diez funciones básicas de la verdadera paternidad:

1. Progenitor
2. Fuente de Recursos
3. Soporte y Responsable de Proveer la Alimentación
4. Protector
5. Maestro
6. Corrector e Impartidor de la Disciplina
7. Líder
8. Cabeza
9. Responsable del Cuidado
10. Encargado de Desarrollar

En el capítulo uno, vimos que la palabra *padre* en la Biblia es la palabra *ab* en el Antiguo Testamento, y la palabra *pater* en el Nuevo Testamento, y que estas palabras indican "origen" y "progenitor". Dios es el Origen de toda sustancia y de toda vida. Él es el Progenitor que crea todas las cosas, y entonces, las sostiene y las mantiene. En este capítulo vamos a ver estas funciones vitales en forma más específica, y la forma como se aplican a los padres terrenales.

Dios el Padre como el Origen de Todo

Dios es Padre, tanto por naturaleza, como por Su función. Él es el Padre de toda la creación. Dios envió Su Palabra y creó todo lo que existe. *"Todas las cosas fueron hechas por medio de El* [Cristo Jesús, que es la Palabra Viva de Dios], *y sin El nada de lo que ha sido hecho, fue hecho* (Juan 1:3). (Favor de ver también Génesis 1; Isaías 63; Romanos 1:20). Como el origen de todo lo que existe, Dios estaba "embarazado"—si acaso podemos usar esta analogía—con el mundo visible y con el mundo invisible. Él llevó la semilla del universo. Como el Origen de Todo, Dios el Padre lo tenía todo en Sí Mismo, antes de que cualquier cosa viniera a existir. Así que, Dios creó todo el universo, e hizo que todo existiera, prácticamente de la nada (*ex nihilo*). La palabra en hebreo para crear es *bara*. El único sujeto apropiado para la palabra *bara* es Dios, porque Él es el Único que puede crear algo. Aquel que produce o que crea algo es el origen de esa cosa—el padre.

Dios el Padre como Progenitor

Debes recordar que un progenitor es la persona que sostiene y mantiene a las generaciones venideras. Dios es vida. Él creó a los seres humanos, y les dio la habilidad para reproducirse y para transmitir la vida a sus hijos.

El más grande honor que Dios le puede dar a un ser humano, es designarlo como un padre. "Padre" es el título que le corresponde a Dios Mismo. Si Él le otorga este título al hombre, entonces, debe ser la más alta designación y honor que cualquier ser humano jamás pueda llegar a tener. De hecho, la paternidad es la obra final del hombre-varón. La paternidad es un honor muy alto y una tremenda responsabilidad. El trabajo del padre es sostener y mantener a la generación que él ha traído a la vida.

La Identidad de la Humanidad

Dios creó a los seres humanos con genes que son el origen y la sustancia de la vida. Estos genes pasan de los padres a los hijos. Nuestros genes determinan nuestras características físicas, nuestro carácter, comportamiento, reacciones emocionales, e instintos, así como, la manera como procesamos nuestros pensamientos. En la médula de nuestra identidad natural se encuentran los genes. Cuando un hombre siembra su semilla en el receptor (que es la mujer), y se concibe un hijo, se le da su identidad a la siguiente generación por medio de los genes.

Adán fue el padre de la raza humana. Sus genes fueron transmitidos a la raza humana. Como el progenitor de la humanidad, ¿cuál fue la identidad que la humanidad heredó de Adán? Aunque Dios le dio la vida para que la pasara a las generaciones siguientes, Adán se rebeló y rechazó a su Creador, que le dio la vida, y por lo tanto, la muerte fue transmitida a través de la semilla de Adán.

Por tanto, tal como el pecado entró en el mundo por un hombre, y la muerte por el pecado, así también la muerte se extendió a todos los hombres, porque todos pecaron.

(Romanos 5:12)

Debido a que Adán permitió que el pecado entrara en el mundo, sus descendientes nacieron con la naturaleza pecaminosa, y con cuerpos que eventualmente van a morir. Incluso, su hijo Caín, se convirtió en un asesino. La herencia que recibió de Adán fue la muerte—tanto la muerte espiritual, como la muerte física. Y dado que todos somos simiente o semilla de Adán, necesitamos cambiar de padre, tan pronto como sea posible. Necesitamos volver a nacer con semilla eterna y con genes, que deben ser dados por nuestro Padre Celestial, por medio de Su Hijo Cristo Jesús. Esto nos da vida espiritual y la promesa de una resurrección física en el futuro.

Debes notar que en el jardín del Edén, cuando Eva cedió a la tentación de satanás, aparentemente nada sucedió. Ella cogió el fruto y lo comió, y no sucedió nada. Ella digirió el fruto, y no sucedió nada. Pero entonces tomó el fruto y se lo dio a Adán—su esposo y "su padre". Cuando él comió el fruto, esta es la siguiente cosa que sucedió:

> *Entonces fueron abiertos los ojos de ambos, y conocieron que estaban desnudos; y cosieron hojas de higuera y se hicieron delantales. Y oyeron al Señor Dios que se paseaba en el huerto al fresco del día; y el hombre y su mujer se escondieron de la presencia del Señor Dios entre los árboles del huerto. Y el Señor Dios llamó al hombre, y le dijo: ¿Dónde estás? Y él respondió: Te oí en el huerto, y tuve miedo porque estaba desnudo, y me escondí.* (Génesis 3:7–10)

Cuando Adán desobedeció a Dios, algo malo sucedió. Todo el infierno se soltó sobre la tierra. Los seres humanos experimentaron la vergüenza, el temor, y la separación de Dios. Cuando el hombre comió el fruto, en su acto de separarse del Padre Celestial, todos sus hijos fueron contaminados—incluyendo su primera "descendencia", que era Eva.

Éxodo 20:5 revela, *"No los adorarás ni los servirás; porque yo, el Señor tu Dios, soy Dios celoso, que castigo la iniquidad de los padres sobre los hijos hasta la tercera y cuarta generación de los que me aborrecen"*. No son las mujeres a quienes se les identifica como las transmisoras del pecado, sino a los hombres. Así que, la única manera para deshacerse de la semilla de pecado de Adán es renunciar a él—y a su padrastro, que es el diablo—como tus padres. Tienes que renunciar a las generaciones de pecado que te han sido engendradas. Solo el Segundo Adán, que es Jesús, puede darte nueva vida, y puede romper la maldición del pecado y de la muerte, que heredaste de tu padre original, Adán.

Adán hizo lo que muchos hombres hacen hoy en día; él le echó la culpa a Eva por su pecado. (Favor de ver Génesis 3:11–12).

Los hombres siguen echándole la culpa a las mujeres y a sus madres en nuestras culturas, por todos los problemas sociales, que estamos teniendo con nuestros hijos. La verdad es que la raíz del problema son los padres.

Hombres, dejen de estar echándole la culpa a las mujeres. Sí, Eva fue *"engañada"* (1ª Timoteo 2:14), pero Adán pecó, rechazó a su Padre Celestial, y a través de su semilla o simiente, se convirtió en el progenitor del pecado, para todas las generaciones que habrían de venir. La caída del hombre fue el resultado de un padre que recibió instrucciones de su "descendencia", en lugar de que sucediera al revés; el receptor le dio al origen, algo que no había venido del Padre Celestial.

Adán, como progenitor, sembró su semilla de rebeldía en contra del Padre en toda la humanidad, incluyendo todas las generaciones futuras, pero Cristo Jesús, como el Hijo del Hombre, y como el Padre Eterno, sembró la semilla o simiente de Dios de la vida eterna, en todos aquellos que nacieran de nuevo. Debes renunciar al padre de todas las mentiras, y debes regresar al Padre de Luz y de Vida.

La Identidad Viene de un Padre

El más grande reto para los hombres en la actualidad, especialmente para los hombres jóvenes, es que están sufriendo la crisis de una falta de identidad. Les falta la influencia nutricional de identidad, que solo un verdadero padre puede darles. La identidad no viene de ser miembro de una pandilla, ni por ser miembro del gobierno, o por medio de libros. Viene de un padre.

La único que puede darte tu verdadera identidad como hombre, es un padre. Este principio fundamental esta faltando en muchas de nuestras culturas, y la ausencia de ello, es el origen de muchos problemas sociales. La mayoría de los hombres jóvenes andan corriendo de un lado al otro, en busca de un padre, y no pueden encontrar uno. Corren hacia sus amigos, pero sin lograr obtener nada. No puedes encontrar la paternidad en ningún otro compañero o amigo, que a su vez, también está buscando un padre. No puedes descubrir quien eres, por medio de mirar a alguien que tampoco sabe quien es.

Un hombre necesita ser afirmado por un padre, para poder confirmar su hombría. Esta es la razón por la cual, muchos hombres jóvenes, están esperando que su padre les diga, "Te amo hijo. Ahora ya eres todo un hombre". ¿Sabes por qué el hecho de ser judío, conlleva una identidad tan fuerte? La tradición judía, muy especialmente en las relaciones familiares, tiene un sentido muy real del "espíritu paternal". Esto tiene sus raíces en una ceremonia llamada bar mitzvah, en donde el muchacho de trece años, se presenta frente a los hombres, realiza algunos ritos tradicionales, después de lo cual, los hombres le dicen, "Ahora, ya eres todo un hombre". Desde ese día en adelante, ese muchacho anda con un espíritu muy diferente, porque ahora, ya es todo un hombre. Esa es la razón de que las comunidades judías están tan estrechamente relacionadas, unidas, y son tan fuertes en los negocios, en las tradiciones y en su cultura.

> La medida del éxito de un hombre, está directamente relacionada a su efectividad como padre que está siguiendo los caminos de Dios.

Los padres judíos le dicen y le enseñan a sus hijos, lo que significa tener la identidad de un hombre. Esta práctica cultural está enraizada en su historia, y puede ser rastreada desde sus raíces bíblicas. Esta práctica también la podemos encontrar en muchas de las culturas africanas y orientales, donde la hombría es impartida por medio de algún tipo de rito.

Ahora, debemos poner atención a esto: si tú no has encontrado a tu padre terrenal todavía, Dios califica para tomar el lugar de tu padre. ¡Aleluya! Tú puedes venir a Dios y decirle, "¿Dios, qué es lo que yo soy?" Y Él te dirá, "Tú eres Mi hijo". Tú debes obtener tu identidad directamente de Él.

Pero a todos los que le recibieron, les dio el derecho de llegar a ser hijos de Dios, es decir, a los que creen en su nombre,
(Juan 1:12)

En segundo lugar, Dios el Padre te va decir, Ahora tienes que madurar a la imagen de Mi Amado Hijo Cristo Jesús, y vas a crecer en Él, hasta que te conviertas en un verdadero hombre". Jesús el Hijo, Quien también es el Padre Eterno, te dice, "tú eres un padre". Él te da tu identidad como padre.

El principio de la paternidad, por lo tanto, es muy simple: *Tú proporcionas identidad.*

Un hombre no puede hacer nada más grande que ejercer su paternidad. Él puede ganar un millón de dólares, pero si falla en cumplir el llamamiento de Dios que tiene para ser un padre, tal y como Dios ejerce la paternidad, entonces, él es un fracaso. Él puede ser el dueño de una casa enorme, poseer muchas propiedades, administrar y poseer muchas inversiones en la casa de valores, y tener billones en posesiones y negocios, pero si rehúsa o descuida ejercer paternidad con relación a su familia, él ha fallado por completo.

Un hombre que físicamente es muy fuerte, pero que es débil como padre, no es un verdadero hombre. Un varón que es muy rico en posesiones, pero es pobre en ejercer la paternidad, no es un verdadero hombre. Un hombre que es muy elocuente con sus palabras, pero es muy silencioso como padre, al no enseñarle a su hogar los preceptos y de la Palabra de Dios, no es un verdadero hombre. La medida del éxito de un hombre está relacionada directamente a su efectividad para ser un padre que está siguiendo los caminos de Dios, y para quien, Dios es el Único Verdadero Ejemplo y Parámetro para su vida.

El Origen del Pecado es la Ausencia de un Padre

En la raíz del pecado está la ausencia de padres verdaderos en nuestro mundo. El problema del pecado es un problema de ausencia de paternidad, porque el pecado es el resultado de un hombre—Adán—que declaró su independencia de Dios, que era su Origen y su Padre. Adán creyó que no necesitaba un padre, y que podía convertirse en un padre sin el Padre Celestial.. Fue entonces, cuando la raza humana cayó en rebeldía contra Dios.

Uno de los significados de la raíz de la palabra *pecado* en el Nuevo Testamento, *amarrita*, es "separación". Adán se separó de su Padre, y cayó en un estado de separación y pecado. En otras palabras, el hombre podría haber sido llamado "huérfano" por su propia decisión. Imagínate esto. ¡Convertirse en un huérfano por decisión propia! ¡Perder su hogar por su propia decisión! ¡Separarse de su Padre por su propia decisión! Que trágica fue la decisión de Adán de separarse de su Padre Celestial.

> La única persona en la historia que podía engendrarnos, fue Aquel que sí conocía al Padre Celestial—Jesús Mismo.

Adán se convirtió en un hijo sin padre, pero Adán mismo tuvo hijos que engendró en estado de orfandad. Y el primer "hijo" de Adán no fue Caín. El primer "descendiente" que salió de Adán fue una mujer. (Favor de ver Génesis 2:20–24). Debido a que Adán se hizo huérfano él mismo, Eva y toda la subsecuente descendencia fueron todos huérfanos a su vez.

Debes recordar que Dios le sopló aliento de vida a Adán. *"Entonces el Señor Dios formó al hombre del polvo de la tierra, y sopló en su nariz el aliento de vida; y fue el hombre un ser viviente"* (Génesis 2:7). Pero Adán se separó de Dios, su Padre—Quien es el Origen de su creación y de su vida misma. De nuevo, una vez que Adán se convirtió en un huérfano, todo lo que él podía pasar a sus futuras generaciones era muerte.

Un padre puede crear o generar en sus hijos solo aquello que ha recibido de su padre. El padre es el origen, el creador, el generador, y el progenitor. Las futuras generaciones pueden recibir solo aquello que el padre les puede dar. Debido a que Adán rechazó a su Padre Celestial, la única herencia que él pudo dar a sus generaciones futuras era el pecado y la muerte—que es la herencia de un padre huérfano.

Necesitamos tomar nota de otro punto ahora mismo. En forma muy frecuente, las mujeres se encuentran perdidas, cometiendo muchos errores, debido a que el marido no entiende nada de las ramificaciones que tiene el hecho de ejercer la paternidad, de la manera como Dios la diseñó originalmente. Lo que ellas necesitan, es un hombre que pueda enseñarles acerca del Padre Celestial, que es Dios. Sin padres, existe una maldición sobre las mujeres y sobre las futuras generaciones.

Cambiando el Corazón de los Hijos Hacia Sus Padres

¿Cómo puede ser restaurada la verdadera paternidad? La salvación es el resultado de un Hombre—Jesús, el Segundo Adán—proveyendo a los hijos de la humanidad huérfana, el camino para que puedan regresar a su Padre Celestial, y a su identidad original que tenían en Él. Recuerda que Adán abandonó voluntariamente a su Padre Celestial. La misión de Jesús consistió en devolver la humanidad huérfana hacia Dios, y restaurar las relaciones familiares en la tierra, en la manera que originalmente fueron diseñadas por Él. Malaquías profetizó que esto comenzaría a suceder cuando Juan el Bautista preparara el camino para el Mesías: *"El hará volver el corazón de los padres hacia los hijos, y el corazón de los hijos hacia los padres, no sea que venga yo y hiera la tierra con maldición"* (Malaquías 4:6). Cuando el ángel se le apareció a Zacarías, que era el padre de Juan el Bautista, diciéndole cual iba a ser la naturaleza del nacimiento de su hijo, él refirió esas mismas palabras:

> *Y él hará volver a muchos de los hijos de Israel al Señor su Dios. E irá delante de El en el espíritu y poder de Elías* **para hacer volver los corazones de los padres a los hijos**, *y a los desobedientes a la actitud de los justos, a fin de preparar para el Señor un pueblo bien dispuesto.*
> (Lucas 1:16–17 se añadió énfasis)

La gente necesita regresar a Dios el Padre. Juan el bautista estaba preparándolos para lo que ellos necesitaban desesperadamente—Uno que pudiera guiarlos de regreso a su Padre Celestial.

Jesús vino a componer el problema de orfandad del hombre. Muchos padres están alejados de sus hijos. Existen muchos hogares que no tienen padres. Antes de Cristo Jesús, los hijos de Adán, a través de todas las edades conocían muy poco acerca del Padre Celestial, porque todos ellos habían nacido huérfanos de padre, como resultado del pecado de Adán, rechazando a su Padre Celestial. . El problema de falta de paternidad que comenzó con Adán, todavía nos afecta hoy en día. Hermanos, nuestras naciones podrían ser sanadas en este mismo instante, si cada hombre se convirtiera en un padre responsable. Las diez funciones de la paternidad que fueron nombradas al comienzo de este capítulo, ciertamente nos van a ayudar a señalar lo que significa ser como nuestro Padre Celestial.

Tanto los hombres, como las mujeres, todos están en busca de un padre. Sin Dios el Padre, un esposo no puede saber como ser un padre para su esposa y para sus hijos. Sin un padre en el hogar, las mujeres terminan por estar cuidando a su esposo como si fueran niñeras. Cuidan del hombre que está supuesto a ser su "padre".

Jesús conocía al Padre, y Se convirtió en el Origen y Progenitor de una nueva raza de padres—aquellos que conocen a su

Padre Celestial por medio de Su Hijo. No puedes ser un verdadero padre, a menos que tú tengas un verdadero padre para ti. La única persona en la historia, que podía ser nuestro padre, fue Aquel, que sí conocía al Padre Celestial, y esa persona fue Jesús.

Debes recordar el ejemplo que Jesús nos mostró aún cuando estaba colgando, moribundo en la cruz. Él se tomó el tiempo—así como unos de Sus últimos respiros—para ser un padre para Su propia madre. Él dio instrucciones como la Cabeza, como el Hijo mayor de Su familia, debido a que Su padre terrenal, José, ya había fallecido. *"Y cuando Jesús vio a su madre, y al discípulo a quien El amaba que estaba allí cerca, dijo a su madre: ¡Mujer, he ahí tu hijo! Después dijo al discípulo: ¡He ahí tu madre! Y desde aquella hora el discípulo la recibió en su propia casa"* (Juan 19:26-27). Con estas declaraciones, Jesús puso la responsabilidad del cuidado de Su madre en las manos de Juan.

Si tú eres el hijo en un hogar donde tu padre ha abandonado el hogar o se ha muerto, entonces, tú eres el padre de tu madre, de tus hermanas, y de todo tu hogar. ¿Por qué? Porque Dios ha llamado a los hombres para que sean padres como Él lo es, a fin de convertir el corazón de los hijos hacia su Padre Dios. Si tú entiendes este principio y esta responsabilidad, y comienzas a aplicarlos en tu vida, entonces, Dios va a contestar tus oraciones con relación a tu provisión, porque Él va a ser un padre para ti, de la misma forma en que tú lo eres para tu familia.

Jesús y Su Padre

El más grande ejemplo de la función crítica del padre fue demostrado en la vida de Jesús. Él habló se Su Padre más que ninguna otra persona. Él expreso y confesó su necesidad, Su dependencia, y Su sumisión a Su padre muy enfáticamente, toda vez que tuvo oportunidad de hacerlo. Nunca titubeó para darle crédito a Su Padre Celestial, por el éxito, confirmando el obrar de Dios en Su vida, sosteniéndole en todo momento. Él vio a Su

Padre como el Origen, Su Fuente de Recursos, y como Su Propósito para toda Su vida.

Cada vez que le preguntaban acerca de Su identidad, o acerca de Su obra, de Su propósito, Su herencia, Su poder, Su autoridad, Su familia, Su mensaje, Su filosofía, Su teología, Su legitimidad, o Su destino, Él siempre se refirió a "Mi Padre".

¿Cuántos hombres conoces en la actualidad que hablan de su padre de esta manera? ¿Cuantos hombres le podrían dar o le dan crédito a su padre por la mayoría de sus actividades o de sus éxitos? Por el contrario, la mayoría de los hombres en la actualidad consideran "que no es de hombres" darle crédito a otro hombre, porque esto se percibe como un signo de debilidad. ¡Que clase de contraste tan opuesto a la actitud del Perfecto Hombre, Cristo Jesús! Su percepción y relación con Su Padre debería servirnos como el modelo y estándar, para que midamos la efectividad y el éxito de la verdadera paternidad. En esencia, el nivel en que tu hijo se refiere de ti, es la medida de tu efectividad como su padre. Considera estas palabras de Cristo Jesús y acerca de Jesús:

> *Entonces le decían: ¿Dónde está tu Padre? Jesús respondió: No me conocéis a mí ni a mi Padre. Si me conocierais a mí, conoceríais también a mi Padre.* (Juan 8:19)

> *Tengo mucho que decir y juzgar de vosotros, pero el que me envió es veraz; y yo, las cosas que oí de El, éstas digo al mundo. Y no comprendieron que les hablaba del Padre. Por eso Jesús dijo: Cuando levantéis al Hijo del Hombre, entonces sabréis que yo soy y que no hago nada por mi cuenta, sino que hablo estas cosas como el Padre me enseñó. Y El que me envió está conmigo; no me ha dejado solo, porque siempre hago lo que le agrada.* (Juan 8:26-29)

> *Yo hablo lo que he visto con mi Padre; vosotros, entonces, hacéis también lo que oísteis de vuestro padre.* (Juan 8:38)

> *Jesús respondió: Yo no tengo ningún demonio, sino que honro a mi Padre, y vosotros me deshonráis a mí.* (Juan 8:49)

El Padre como Recurso y Progenitor

Jesús respondió: Si yo mismo me glorifico, mi gloria no es nada; es mi Padre el que me glorifica, de quien vosotros decís: "El es nuestro Dios." Y vosotros no le habéis conocido, pero yo le conozco; y si digo que no le conozco seré un mentiroso como vosotros; pero sí le conozco y guardo su palabra.

(Juan 8:54–55)

Jesús les respondió: Os lo he dicho, y no creéis; las obras que hago en el nombre de mi Padre, éstas dan testimonio de mí.

(Juan 10:25)

Mi Padre que me las dio es mayor que todos, y nadie las puede arrebatar de la mano del Padre. Yo y el Padre somos uno.

(Juan 10:29–30)

Si no hago las obras de mi Padre, no me creáis; pero si las hago, aunque a mí no me creáis, creed las obras; para que sepáis y entendáis que el Padre está en mí y yo en el Padre.

(Juan 10:37–38)

Jesús, sabiendo que el Padre había puesto todas las cosas en sus manos, y que de Dios había salido y a Dios volvía.

(Juan 13:3)

Felipe le dijo: Señor, muéstranos al Padre, y nos basta. Jesús le dijo: ¿Tanto tiempo he estado con vosotros, y todavía no me conoces, Felipe? El que me ha visto a mí, ha visto al Padre; ¿cómo dices tú: "Muéstranos al Padre"? ¿No crees que yo estoy en el Padre, y el Padre en mí? Las palabras que yo os digo, no las hablo por mi propia cuenta, sino que el Padre que mora en mí es el que hace las obras. Creedme que yo estoy en el Padre, y el Padre en mí; y si no, creed por las obras mismas.

(Juan 14:8–11)

En ese día conoceréis que yo estoy en mi Padre, y vosotros en mí, y yo en vosotros. El que tiene mis mandamientos y los guarda, ése es el que me ama; y el que me ama será amado por mi Padre; y yo lo amaré y me manifestaré a él. (Juan 14:20–21)

Yo soy la vid verdadera, y mi Padre es el viñador. (Juan 15:1)

En esto es glorificado mi Padre, en que deis mucho fruto, y así probéis que sois mis discípulos. Como el Padre me ha amado, así también yo os he amado; permaneced en mi amor. Si guardáis mis mandamientos, permaneceréis en mi amor, así como yo he guardado los mandamientos de mi Padre, y permanezco en su amor. (Juan 15:8–10)

Ya no os llamo siervos, porque el siervo no sabe lo que hace su señor; pero os he llamado amigos, porque os he dado a conocer todo lo que he oído de mi Padre. (Juan 15:15)

Estas cosas os he hablado en lenguaje figurado; viene el tiempo cuando no os hablaré más en lenguaje figurado, sino que os hablaré del Padre claramente. (Juan 16:25)

Salí del Padre y he venido al mundo; ahora dejo el mundo otra vez y voy al Padre. (Juan 16:28)

Estas cosas habló Jesús; y alzando los ojos al cielo, dijo: Padre, la hora ha llegado; glorifica a tu Hijo, para que el Hijo te glorifique a ti, (Juan 17:1)

Y esta es la vida eterna: que te conozcan a ti, el único Dios verdadero, y a Jesucristo, a quien has enviado. Yo te glorifiqué en la tierra, habiendo terminado la obra que me diste que hiciera. Y ahora, glorifícame tú, Padre, junto a ti, con la gloria que tenía contigo antes que el mundo existiera. (Juan 17:3–5)

Oh Padre justo, aunque el mundo no te ha conocido, yo te he conocido, y éstos han conocido que tú me enviaste. (Juan 17:25)

Jesús le dijo: Suéltame porque todavía no he subido al Padre; pero ve a mis hermanos, y diles: "Subo a mi Padre y a vuestro Padre, a mi Dios y a vuestro Dios." (Juan 20:17)

Jesús entonces les dijo otra vez: Paz a vosotros; como el Padre me ha enviado, así también yo os envío. (Juan 20:21)

Jesús declaró, *"Jesús les dijo: Si Dios fuera vuestro Padre, me amaríais, porque yo salí de Dios y vine de El, pues no he venido por mi propia iniciativa, sino que El me envió"* (Juan 8:42). Jesús se estaba refiriendo a aquellos que no creían en Él. La raíz de su incredulidad era el hecho de no conocer al Padre Celestial. Si tú no conoces al Padre Celestial, tú no puedes conocer a Su Hijo. La incredulidad es causada por la orfandad de padre.

De forma similar, los hijos caprichosos, de hecho, no tienen padre. Ellos no tienen respeto alguno por las personas mayores, y no se pueden someter a ninguna autoridad. Los hijos necesitan aprender acerca de Dios el Padre, a través de los padres, que son quienes deben enseñarles acerca de Él y de Sus caminos.

> **Los padres son progenitores. Ellos crean en sus hijos, lo que sus padres crearon en ellos.**

Yo le doy gracias a Dios por mi padre terrenal. Él se aseguró de que sus hijos respetaran a las personas mayores. Él me enseñó acerca de la autoridad. Mi padre generó en mí, el conocimiento de lo que son la sumisión, la autoridad, y el respeto. Él fue el origen de mi entendimiento acerca de los padres, porque él conoció a Dios el Padre Celestial.

Desafortunadamente, muchos hijos hoy en día, no tienen un padre en su hogar. Ellos no tienen el beneficio de un padre que forme dentro de ellos, el honor y el respeto que ellos necesitan tener por otras figuras de autoridad. Al contrario, ellos maldicen a las gentes en las calles, le contestan groseramente a sus maestros, y murmuran toda clase de insultos en contra de las personas mayores.

Sin padres entregados a Dios, que sean capaces de crear en nosotros el conocimiento, respeto y temor de Dios, estamos destinados a ser solo un montón de huérfanos espirituales. Al no conocer a nuestro verdadero Padre Celestial—y al no tener nuestra identidad establecida en Él—inevitablemente, vamos a sustituir todo esto con fraude y falsificación. Hablando a los líderes religiosos de sus días, que se habían rebelado en contra de la enseñanza de Dios, y que habían cuestionado Su identidad , Su integridad, y su legitimidad, Jesús les dijo,

> *Sois de vuestro padre el diablo y queréis hacer los deseos de vuestro padre. El fue un homicida desde el principio, y no se ha mantenido en la verdad porque no hay verdad en él. Cuando habla mentira, habla de su propia naturaleza, porque es mentiroso y el padre de la mentira.* (Juan 8:44)

Debes recordar que los padres son progenitores. Ellos crean en sus hijos lo que sus padres crearon en ellos. Ellos engendran generaciones después de ellos, que van a ser semejantes a como ellos y sus antepasados fueron. Si ellos han sido huérfanos del Padre Celestial, su padre falsificado o la falsificación que tienen como padre es el diablo; por lo tanto, ellos van a crear generaciones que son bajo el modelo de satanás o bajo el modelo de Dios el Padre. El diablo es solo un "padrastro" que quiso reclamar los derechos de los hijos de los hombres, cuando ellos se rebelaron en contra de su Amado Padre Celestial.

Si tú tienes el padre equivocado, tú vas a crecer y a desarrollarte con los "genes" equivocados. Un hombre con un padre falsificado, va a engendrar hijos defectuosos. ¿De qué manera son defectuosos estos hijos? Están llenos con aquello que ha sido generado en ellos—pecado, mentiras, y un odio asesino.

Un Nuevo Padre y Una Nueva Identidad

Debido a que el varón es referido en las Escrituras como el origen y progenitor de generaciones, fue a Abraham, y no a Sara, que Dios le dijo, *"Y estableceré mi pacto contigo y con tu descendencia después de ti, por todas sus generaciones, por pacto eterno, de ser Dios tuyo y de toda tu descendencia después de ti"* (Génesis 17:7). Dios estableció una relación de pacto entre Él Mismo y Abraham, y Abraham y sus descendientes, por consecuencia, tuvieron una identidad que estaba completamente conectada a Dios. Dios no indicó que Sara era la progenitora, sino que Dios le prometió a ella, diciéndole, *"Y la bendeciré, y de cierto te daré un hijo por medio de ella. La bendeciré y será madre de naciones; reyes de pueblos vendrán de ella"* (Génesis 17:16). Solo la semilla del hombre puede generar la concepción para las generaciones futuras. Solo el varón tiene el poder generador y creador. Él es el origen, y su esposa es la incubadora.

Jesús sabía que los judíos de sus días se habían convertido en huérfanos de padre, en cuanto a la relación que tenían con Dios. Ellos enseñaban que Abraham era su padre, fallando en reconocer que Dios el Padre de Abraham era su verdadero Padre y Origen. Habían pedido el sentido de su verdadera identidad. Los judíos no comenzaron como una raza de gentes con el padre Abraham. Fue Dios, el Padre de Abraham, que declaró la formación y creación de ellos. De la misma forma que los judíos, nosotros necesitamos cambiar de padre. Hemos perdido a nuestro Padre original, que es Dios, y hemos seguido a un padrastro, que es el diablo, cuya sangre está contaminada, y sus genes están llenos de ignorancia y de maldad.

Jesús quería que los hijos rebeldes de Dios cambiaran y voltearan su corazón de nuevo al Padre Celestial, y lejos de Satanás. Todo lo que Jesús hizo, fue traernos de regreso al Padre Celestial. Otra vez, después de Su resurrección, Jesús dijo, *"Suéltame porque todavía no he subido al Padre; pero ve a mis hermanos, y diles: "Subo a mi Padre y a vuestro Padre, a mi Dios y a vuestro Dios"* (Juan 20:17). Él nos está diciendo, "He pagado el precio; He derramado Mi Sangre. He descendido al infierno, He tomado las llaves, y He abierto la puerta, libertando a todos los cautivos. He resucitado de entre los muertos. Mi obra ha sido consumada. He creado una nueva generación de hijos engendrados por Mi Padre, que ahora es tu Padre Dios. Voy a Mi Padre y tu Padre, para que Él pueda ser tu Padre completamente otra vez". Él envió al Espíritu Santo para que viva dentro de aquellos que han sido restaurados en su relación con el Padre Celestial.

Jesús declaró que debemos nacer del agua y del Espíritu Santo. (Favor de ver Juan 3:5). ¿Por qué? A través de la fe en Cristo Jesús, Dios nos ha provisto una manera para que podamos ser libres de nuestro padrastro, y que podamos nacer de nuevo dentro de la familia de Dios, siendo Dios Mismo nuestro Padre. Pablo escribió que somos "nueva creación" en Cristo Jesús. (Favor de ver 2ª Corintios 5:17). Esta nueva creación incluye un nuevo Padre y una nueva identidad.

> Dios ha provisto una manera, para que podamos nacer de nuevo, dentro de la familia de Dios, teniendo a Dios Mismo, como nuestro Padre.

"Porque un niño nos ha nacido, un hijo nos ha sido dado, y la soberanía reposará sobre sus hombros; y se llamará su nombre Admirable Consejero, Dios poderoso, Padre Eterno, Príncipe de Paz" (Isaías 9:6). Jesús vino a nosotros como un Hijo, Hijo de Su Padre, para mostrarnos como se mira, como actúa, como habla un hijo de Dios. Él declaró, "Por eso Jesús dijo: Cuando levantéis al Hijo del Hombre, entonces sabréis que yo soy y que no hago nada por mi cuenta, sino que hablo estas cosas como el Padre me enseñó. Y El que me envió está conmigo; no me ha dejado solo, porque siempre hago lo que le agrada" (Juan 8:28-29). Cualquiera que ve a Jesús, también ve al Padre Celestial. (Favor de ver Juan 14:9-11). En Jesús, aprendemos como es un hijo del Padre Celestial, y también aprendemos como es el Padre Celestial.

Y dado que Jesús es el Padre Eterno, así como el Hijo, Su paternidad requiere que nosotros nos sometamos y obedezcamos a cada Palabra Suya, porque todo lo que Él dice y ordena, viene directamente del Padre. De esta manera, somos transformados por el Espíritu santo, a la misma semejanza de Cristo Jesús. (Favor de ver 2ª Corintios 3:18). En Su semejanza se encuentra la imagen perfecta de lo que significa ser un hijo del

Padre Celestial, y lo que significa ser un padre para nuestra propia descendencia, para que sus corazones seas vueltos hacia el Padre Celestial.

* Debes recordar estos principios clave para poder conocer a Dios el Padre:
* Como el Origen, Dios el Padre tenía todo en Él, antes de que todo existiera. Todo lo que existe estaba en Dios.
* Dios es el Progenitor. Él sostiene y mantiene todo lo que Él ha creado.
* El pecado es el resultado del primer hombre—Adán—dándole la espalda a su Padre Celestial.
* La salvación es el resultado de un Hombre—Jesús, que es el segundo Adán—proveyéndonos con el camino, para que podamos regresar al Padre Celestial.
* Jesús conocía al Padre, y se convirtió en el Origen y Progenitor de una nueva raza de padres, que conocen al Padre Celestial, por medio del Hijo, Cristo Jesús.
* Los padres son progenitores. Ellos engendran generaciones que vienen después de ellos, que son como ellos mismos y como sus antepasados. Cuando un hombre tiene la paternidad de Dios, él produce padres que caminan de acuerdo a la voluntad de Dios.
* Los padres son el origen de la instrucción, información y conocimiento acerca de Dios, que es el Origen de todo lo que existe.
* Aprendemos como Dios disciplina, enseña, instruye y actúa, a través de un padre terrenal, que personifica al Padre Celestial.

Debido a que los padres son el origen, ellos deben sostener, mantener, nutrir y proteger todo lo que sale de ellos. Ese es nuestro tema siguiente, a medida que llegamos a entender las funciones de la paternidad. En el siguiente capítulo, vamos a venir a entender más completamente como Dios, siendo el Origen y Progenitor, es también Quien Soporta, Quien alimenta, y el Protector. Como Origen y Protector, Dios sostiene todo lo que Él crea o sobre quien Él es Padre. Él Solo puede hacer que algo comience a existir, y Él solo puede mantenerlo y sostenerlo.

PRINCIPIOS DEL CAPÍTULO

1. "Ser padre" es el honor más grande que Dios le puede dar a un hombre.

2. El principio de la paternidad consiste en que los padres proveen la identidad de los hijos.

3. La medida de éxito de un hombre, está directamente relacionada a su efectividad como padre, de acuerdo a los caminos de Dios, para lo cual, Dios es el Modelo Perfecto, y el Único Ejemplo Verdadero.

4. El origen del pecado es la orfandad de padre.

5. Jesús vino a arreglar el problema de la falta de padre. La salvación es el resultado de que Jesús, siendo el Segundo Adán, proveyó para nosotros el camino para poder regresar al Padre Celestial, y a nuestra identidad original en Cristo Jesús.

6. Dios ha llamado a los hombres a que sean padres, tal y como Él lo es, para que volteen el corazón de los hijos de regreso al Padre Celestial. Si tú entiendes este propósito y esta responsabilidad, y si comienzas a aplicarlos en tu vida, entonces, Dios va a contestar tus oraciones que tienen que ver con la provisión, debido a que Él va a ser un Padre para ti, a medida que tú eres un padre para tu familia.

7. El nivel en que tu hijo se refiere a ti, es la medida de tu efectividad como padre.

8. Los padres son progenitores—el origen que genera, sostiene, y mantiene a las generaciones futuras.

Capítulo 5

EL PADRE COMO SOSTÉN, EDUCADOR, Y PROTECTOR

Todo lo que sabemos acerca de la paternidad comienza en Génesis—el libro de los comienzos. Considera este proceso de la creación: Dios es el Único que se puede sostener a Sí Mismo. Él no usa nada de ningún otro recurso para crear cosas. Él Mismo es el recurso. Antes de la creación, *Elohim,* que es el nombre de Dios que refleja Su Trinidad, o Su naturaleza trinitaria, decidió hacer que la humanidad comenzara a existir. *"Según nos escogió en El antes de la fundación del mundo, para que fuéramos santos y sin mancha delante de El. En amor..."* (Efesios 1:4). Dios estaba "embarazado" con nosotros, antes de que Él comenzara a crear el universo. Él decidió tener hijos, descendencia, hijos espirituales, que iban a ser formados en Su Misma imagen y semejanza.

En Su propósito, preconocimiento, presciencia, y predestinación—en Su vientre sobrenatural—*Elohim* creó a Sus hijos. Su plan para nosotros no solo fue que fuéramos creados a Su imagen, sino que también pudiéramos ejercer autoridad y dominio, de la misma forma que Él lo hace. Y debido a que no había nada que Sus hijos pudieran gobernar, Dios ordenó que el universo fuera formado. La creación es el producto del propósito de Dios para Sus hijos. Él ordenó que la creación fuera formada, a fin de poder sostener a todos aquellos que habían sido hechos a Su imagen.

Yo creo que Dios creó millones y millones de galaxias, estrellas y planetas, con el fin de mantener el equilibrio del universo. Este inmenso universo sorprende grandemente a los científicos.

Mientras más descubren acerca de él, más se dan cuenta lo poco que conocen. El universo es más grande de lo que cualquiera se haya podido imaginar. Algunos dicen que se está expandiendo. La verdad es que es infinitamente más grande que cualquier cosa que ellos puedan imaginar, porque fue creado por el Dios infinito, para el hombre, a quien Él le iba a soplar vida eterna e infinita.

Dios lo Creó Todo con el Fin de Sostener al Hombre

En el centro del propósito del universo se encuentra la humanidad. David declaró:

Cuando veo tus cielos, obra de tus dedos, la luna y las estrellas que tú has establecido, digo: ¿Qué es el hombre para que de él te acuerdes, y el hijo del hombre para que lo cuides? ¡Sin embargo, lo has hecho un poco menor que los ángeles, y lo coronas de gloria y majestad! Tú le haces señorear sobre las obras de tus manos; todo lo has puesto bajo sus pies.

(Salmo 8:3–6)

Todo el universo fue creado solo para que los hijos de Dios tuvieran un lugar donde pudieran ejercitar el dominio de su Padre Celestial, y para que en su naturaleza (que es la imagen y semejanza de Dios) pudieran manifestar la naturaleza de Dios.

Dios creó todo lo que existe, y por lo tanto, Él es el Origen, el *Ab*, el Padre de la creación. ¿Qué es un padre? Es uno que produce algo, y luego sostiene ese algo. De dentro de Dios el Padre vino la Palabra, que es Su Hijo, que habló, declaró y ordenó que todas las cosas vinieran a existir:

En el principio existía el Verbo, y el Verbo estaba con Dios, y el Verbo era Dios. El estaba en el principio con Dios. Todas las cosas fueron hechas por medio de El, y sin El nada de lo que ha sido hecho, fue hecho. En El estaba la vida, y la vida era la luz de los hombres. (Juan 1:1–4)

No solo la Palabra o Verbo creó todo lo que existe, sino que Éste Mismo Verbo o Palabra también sostiene, soporta, y mantiene, todo lo que fue creado:

> *En estos últimos días nos ha hablado por su Hijo, a quien constituyó heredero de todas las cosas, por medio de quien hizo también el universo. El es el resplandor de su gloria y la expresión exacta de su naturaleza, y sostiene todas las cosas por la palabra de su poder. Después de llevar a cabo la purificación de los pecados, se sentó a la diestra de la Majestad en las alturas,*
> (Hebreos 1:2–3)

De dentro del Padre, vino el Hijo. Él es el Único, Primogénito, Eterno Hijo del Padre Celestial; Él es Dios Mismo.

> *Porque ¿a cuál de los ángeles dijo Dios jamás: Hijo mío eres tú, yo te he engendrado hoy; y otra vez: Yo seré Padre para El, y El será Hijo para mí? Y de nuevo, cuando trae al Primogénito al mundo, dice: Y adórenle todos los ángeles de Dios.*
> (Hebreos 1:5–6)

El Hijo, como la Palabra o el Verbo de Dios, declaró y ordeno que todas las cosas que iban a sostener y mantener a la humanidad fueran creadas. El Padre Celestial siempre sostiene todo aquello que Él produce.

Ahora tenemos todo el escenario ya dispuesto para Adán. En la eternidad, antes del tiempo y de toda creación, toda la humanidad ya había sido concebida en la mente de Dios. Dios primero creó todas las cosas, a fin de poder sostener a la humanidad, a la cual, Él creó a Su propia imagen. Entonces, debido a que Él quería que todos tuvieran un solo Origen (El Padre Celestial), Él terminó a todos y puso en un solo cuerpo—el cuerpo de Adán, la semilla inicial que iba a traer la existencia de todos.

Por toda la eternidad, el varón es el padre de la sociedad humana y de las relaciones sociales. Él es el origen de la familia humana. Esto pone una responsabilidad enorme sobre él. El varón, como padre, es el origen, el sostén, el encargado de alimentar, y el protector de la mujer, debido a que Dios tomó a la mujer del hombre.

En nuestra sociedad, muchas mujeres son llamadas a hacer los trabajos y obligaciones de los padres. Las mujeres no fueron creadas para ser el sostén. Muchos hombres han abandonado a su mujer, dejándolas solas, donde ellas tienen que sostenerse a sí mismas y a la descendencia que los hombres les dieron. Cualquier cosa que es producida por un padre, debe ser sostenida y alimentada por él mismo.

> **La iglesia no puede componer los problemas de la sociedad, cuando el fundamento está fuera de su lugar.**

Dios no volvió a tomar del polvo de la tierra para producir a la mujer. ¿Por qué? Él no quería que el suelo sostuviera a la mujer. Dios hizo a Adán para que fuera el padre. Dios quería que fuera un padre quien Lo representara a Él en esta tierra. Fue de un padre—Adán—que Dios produjo a la mujer para que recibiera la paternidad, y fuera sostenida y alimentada por el hombre. Así que, Dios creó al hombre para que sea un padre igual a Dios Mismo. Juntos, el hombre y la mujer se unieron en matrimonio. Desde el principio, Dios dijo, *"Por tanto el hombre dejará a su padre y a su madre y se unirá a su mujer, y serán una sola carne"* (Génesis 2:24). Debes notar que la Escritura nunca dice que la esposa debe dejar a su padre. ¿Por qué? Porque su marido debe constituirse en su padre, en su sostén, y en su soporte.

Del hombre salió la mujer y el matrimonio. Del matrimonio salieron los hijos. Por lo tanto, tenemos una familia. Cuando las familias se juntan, tenemos una comunidad. Cuando un número multiplicado de comunidades se juntan, tenemos una sociedad y una nación.

Los Hombres Siendo el Sostén, Forman el Fundamento de la Sociedad

Quiero que visualices el problema que existe en nuestras sociedades y en nuestras naciones, así como la solución para ello. Dios creó al hombre, y del hombre fue producida una mujer. Esto significa que Adán, como su origen, era responsable de alimentarla y de sostenerla.

Si las sociedades y las naciones tienen problemas con las drogas, con las madres solteras, con los embarazos de las jovencitas, con la corrupción, violencia, y cosas como estas, entonces, ellas deben regresar al fundamento para poder resolver el problema. Si tienen un problema nacional, entonces, deben regresar a las comunidades para poder encontrar el problema. Obviamente, los problemas de la comunidad afectan a la nación, que de hecho es la multiplicación de las comunidades. Los problemas de la comunidad tienen su raíz en las familias que forman cada comunidad. Cuando revisamos para ver cuál es problema que tienen las familias, debemos poner atención a los matrimonios. Cuando analizamos las condiciones de nuestros matrimonios, vamos a descubrir que los esposos y las esposas están divorciados, las madres han sido abandonadas, y los hombres no están sosteniendo a su familia. ¿A qué nos lleva todo esto? Hermanos, ¡somos la raíz del problema que está afectando a todas las naciones! El origen del fundamento tiene un problema: los hombres no están siendo los padres en la forma como Dios los diseñó.

Debes entender esto: La iglesia no puede componer los problemas de la sociedad, cuando el fundamento está fuera de su lugar. *"Si los fundamentos son destruidos; ¿qué puede hacer el justo?"* (Salmo 11:3). No importa qué tanto trabaje la iglesia para corregir los problemas sociales, si el fundamento que Dios puso para la familia, no está en su lugar, aún el trabajo de los justos no va a tener éxito. Al diablo no le importa tanto si la iglesia está llena con mujeres, porque mientras los hombres no regresen a su

Padre Celestial, entonces, las mujeres y sus hijos están completamente huérfanos. La paternidad divina es el fundamento de la familia, la iglesia y la cultura.

La misión primaria de la iglesia es ser pescadores de hombres. (Favor de ver Mateo 4:19, Marcos 1:17). La iglesia llama a los hombres para que regresen a su Padre Original, y son restaurados al Padre, por medio de la salvación del Hijo. Cuando los hombres regresan al Padre, ellos pueden ser sostenidos y nutridos por su Origen, y entonces, se pueden convertir en los sostenes que han sido llamados a ser para su familia. Recuerda, cuando la humanidad cayó, Dios nunca le preguntó a la mujer donde estaba ella, sino al hombre solamente. *"Y el Señor Dios llamó al hombre, y le dijo: ¿Dónde estás?"* (Génesis 3:9).

> Una nación puede ser sostenida, alimentada, y protegida, solo cuando los hombres son padres, de la misma manera que el Padre Celestial.

En otras palabras, Adán estaba fuera de su posición. El fundamento había sido sacudido y destruido. Toda la creación estaba fuera de balance. Dios había sido padre para Adán, de tal manera que él pudiera ser un padre para sostener a Eva. Sin padres, el matrimonio, la familia, la comunidad, y la nación descansa en un completo caos. Una nación puede ser sostenida, alimentada, y protegida, solo cuando los hombres son padres iguales al Padre Celestial.

Isaías profetizó lo que podría suceder cuando los hombres llegaran a abandonar la paternidad, y que el fundamento de la cultura fuera sacudido completamente. *"¡Oh pueblo mío! Sus opresores son muchachos, y mujeres lo dominan. Pueblo mío, los que te guían te hacen desviar y confunden el curso de tus sendas!"* (Isaías 3:12). Cuando las mujeres son las únicas que gobiernan, toda la nación, las comunidades, o la familia entera, se encuentran en graves problemas.

Isaías 3:12 describe una sociedad o una nación que se parece mecho a las que existen en el mundo en la actualidad, donde las mujeres van tras los hombres, los hombres gobiernan como si fueran unos muchachos locos, y los jóvenes—no los hombres—se convierten en líderes. Isaías profetizó que iba a ver una escasez de verdaderos hombres, que se parezcan a Dios el Padre. En tales culturas, la inmoralidad y la opresión satánica van a estar en todo su apogeo; los hombres se van a convertir en mujeres (siendo los receptores), y van a disfrutar la homosexualidad. Cuando tal grado de inmoralidad se establece, las mujeres gobiernan a los hombres, y los hombres se convierten en niños. Se van a feminizar, respondiendo a la vida, como si fueran mujeres.

Mujeres, cuando un hombre quiere casarse contigo, no le preguntes si te ama; pregúntale a quién ama. Si su amor por Dios no es su primera prioridad, entonces, él es un prospecto muy pobre para una relación realizadora y duradera. Debes rehusar formar pareja o tener una relación con hombres de plástico, que se derriten cuando el calor y la presión de la vida se ponen muy altas. Debes encontrar alguien que sea real. Mientras no puedas encontrar un hombre que conoce a Dios el Padre Celestial como su Único Origen y Sostén, debes reposar en Cristo Jesús. Él puede ser un Marido para ti, hasta que encuentres un hombre que pueda ser un marido y un padre, de acuerdo a los principios de Dios.

Si un enemigo quiere destruir una nación, una comunidad, o a una familia, ¿a quien debe atacar ese enemigo? ¡El padre es el primer blanco de ataque para satanás! Cuando los padres se salen de su lugar de ser el sostén, los encargados de alimentar, y los protectores, los fundamentos son destruidos, y la sociedades se derrumban.

Fieles para Sostener a Su Descendencia

A medida que he viajado por todo el mundo, he podido ver la maldad por todas partes. En ocasiones, hice la misma pregunta que el profeta Jeremías hizo: *"¿Por qué prospera el camino de los impíos y viven en paz todos los que obran con perfidia?"* (Jeremías 12:1)

Existen traficantes de drogas, negociantes de prostitutas, ladrones, y gentes de negocios que son deshonestas por todos lados, que tienen casas enormes, los mejores automóviles, barcos, y montones de dinero. ¿Cuál es el origen de todo eso que tienen? ¿Cómo es que sostienen sus vidas? La respuesta a estas preguntas es la misma respuesta para la pregunta de por qué prosperan los justos. El Padre Celestial (que es el Sostén) manda lluvia sobre los justos y sobre los impíos, porque todos y todo viene de Él. (Favor de ver Mateo 5:45). Si algo viene o sale de ti como *pater* (padre), entonces, tú debes sostenerlo, aun si está todo podrido, no es bueno, es horrible, y rebelde. ¿Por qué? ¡Porque Dios es un Padre bueno, fiel, y muy paciente! Él sostiene, alimenta, y protege. Él " *es paciente para con vosotros, no queriendo que nadie perezca, sino que todos vengan al arrepentimiento"* (2ª Pedro 3:9).

Jesús entendió que teniendo a Dios como Su Origen y continuo Sostén, solo podían salir de Él cosas buenas. Los líderes religiosos criticaron a Jesús por hacer milagros, diciendo que Él era del diablo. Pero Él les contestó a esos religiosos diciendo,

> *O suponed que a uno de vosotros que es padre, su hijo le pide pan; ¿acaso le dará una piedra? O si le pide un pescado; ¿acaso le dará una serpiente en lugar del pescado? O si le pide un huevo; ¿acaso le dará un escorpión? Pues si vosotros siendo malos, sabéis dar buenas dádivas a vuestros hijos, ¿cuánto más vuestro Padre celestial dará el Espíritu Santo a los que se lo pidan?* (Lucas 11:11–13)

¿Qué es lo que Jesús nos enseñó? Simplemente esto: El sostén de Dios no depende del comportamiento, ni de cómo es recibido. Él sostiene todo lo que Él ha creado, debido a Su bondad. En forma similar, un padre terrenal que está actuando de acuerdo al modelo de nuestro Padre Celestial, va a sostener, nutrir y proteger todo aquello que sale o se originó de él.

¿Recuerdas la parábola del hijo pródigo (que debería ser llamada en forma más correcta la parábola del padre amoroso)? El hijo ambicioso y mal agradecido tomó su herencia, abandonó el hogar, mal usó la herencia, y terminó viviendo en un chiquero de cochinos. Cuando su hijo perdido regresó a casa, sin embargo, el padre aún lo amaba. No solo estaba dispuesto a sostenerlo, sino que también organizó una fiesta para celebrar su regreso.

Si tú te mantienes lejos de Dios, Él te va a sostener aún con la comida para los cerdos, si es que eso es lo que tú quieres. ¿Por qué? Tú sigues siendo el hijo o la hija, y Él sigue siendo el Padre Fiel. Su fidelidad no cambia debido a que tú peques o te rebeles. Dios dice, "Te tenderé que dar de comer alimento para cerdos, si es que eso quieres comer. Tanto los cerdos como la basura que comen, todo es Mío, y te lo daré para que comas".

> Aunque sean tentados, los creyentes que son llenos del Espíritu Santo, tienen la fortaleza del Padre Celestial para vencer al enemigo.

Cuando el hijo perdido recobró sus sentidos y volvió en sí, él dijo, *"Entonces, volviendo en sí, dijo: "¡Cuántos de los trabajadores de mi padre tienen pan de sobra, pero yo aquí perezco de hambre! Me levantaré e iré a mi padre"* (Lucas 15:17). Él se dio cuenta que la comida en la casa de su padre era mucho mejor que la comida en el corral de los cerdos. Tú puedes decidir y escoger el tipo de vida que quieres vivir, de la misma forma que lo hizo ese hijo perdido. Dios te va a dar de comer lo que sea que tú quieras "comer". Si tú tomas por amigos a los cerdos, vas a terminar por comer algarrobas para cerdos. Si tú regresas a casa con tu Padre Celestial, puedes vivir una vida de total realización en la plenitud de Su gracia y de Su provisión. La decisión es solamente tuya.

Sostenidos para Resistir al Mal

A medida que los hombres regresan al Padre Celestial, ellos deben darse cuenta que Él es capaz de sostenerlos en tiempos de pruebas y en las tentaciones, mientras ellos buscan vivir de acuerdo al ejemplo divino de la paternidad. Pablo escribió que *"Porque en El fueron creadas todas las cosas, tanto en los cielos como en la tierra, visibles e invisibles; ya sean tronos o dominios o poderes o autoridades; todo ha sido creado por medio de El y para El. Y El es antes de todas las cosas, y en El todas las cosas permanecen"* (Colosenses 1:16–17).

Dios sostiene todo lo que Él ha creado, por medio de Cristo Jesús, Quien es la Palabra o Verbo de Dios. Aún el diablo no podría existir sin el permiso de Dios. Dios no es Quien te tienta, pero Él permite que satanás te tiente, tal y como lo vimos en el capítulo anterior. Pero tienes la promesa de Dios de que ninguna prueba o tentación va a ser más fuerte de lo que puedas resistir. Él te sostendrá espiritualmente en medio de la tentación: *"No os ha sobrevenido ninguna tentación que no sea común a los hombres; y fiel es Dios, que no permitirá que vosotros seáis tentados más allá de lo que podéis soportar, sino que con la tentación proveerá también la vía de escape, a fin de que podáis resistirla"* (1ª Corintios 10:13).

Ningún demonio puede venir a tu presencia sin el permiso del Padre Celestial. Aunque sean tentados, los creyentes que son llenos del Espíritu Santo tienen la fortaleza del Padre Celestial para vencer al enemigo. La siguiente vez que llegue una tentación a tu vida, debes recordar que llega con el permiso del Padre Celestial. En ella, va a haber algo que tú debes aprender, y va a haber una manera provista por el Padre Celestial, para que venzas esa tentación.

> *Tened por sumo gozo, hermanos míos, el que os halléis en diversas pruebas, sabiendo que la prueba de vuestra fe produce paciencia, y que la paciencia ha de tener su perfecto resultado, para que seáis perfectos y completos, sin que os falte nada.*
> (Santiago 1:2–4)

> *En lo cual os regocijáis grandemente, aunque ahora, por un poco de tiempo si es necesario, seáis afligidos con diversas pruebas, para que la prueba de vuestra fe, más preciosa que el oro que perece, aunque probado por fuego, sea hallada que*

resulta en alabanza, gloria y honor en la revelación de Jesu-cristo. (1ª Pedro 1:6–7)

A través de las pruebas y de los problemas, vas a crecer y vas a poder entender mejor cómo Dios es el Origen y sostén de todo lo que tú encaras en la vida.

Un Fundamento Inamovible

El Origen y Sostén de todo hombre es Cristo Jesús. Ya es tiempo que las iglesias vayan por los hombres, y los guíen de regreso al Padre Celestial, a través de Cristo Jesús. Cuando los hombres regresan a Jesucristo, ellos regresan a su legítima posición que tenían en la creación, como padres iguales al Padre Celestial. Solo entonces es que los hombres van a poder traer sanidad a todos esos matrimonios quebrantados, para poder sostener a sus familias, comunidades y naciones.

Los hombres que viven de la misma forma que el Padre Celestial son el fundamento inamovible que Dios diseñó desde el principio por medio de ser el perfecto padre para Adán. En Cristo Jesús, los hombres regresaron a su Origen—Dios el Padre—y entonces, se convirtieron en sostén, encargados de alimentar, y protectores.

La función de la paternidad, igual al Padre Celestial que sostiene, nutre, y protege abarca todos estos principios:

- La creación es el producto del propósito de Dios para Sus hijos. En Su preconocimiento o presciencia, Dios ordenó que la creación existiera, para poder sostener a aquellos que iban a ser creados a Su imagen.
- Dios quiso que todos tuvieran un mismo Origen, y por lo tanto, puso la semilla original para su existencia en un solo cuerpo—el cuerpo de Adán.
- El varón es el fundamento para toda la familia humana. Todo aquello que se necesita para sostener a las mujeres

debería salir de sus padres o de su esposo (que también son sus "padres").

- Un padre, igual que Dios, sostiene, nutre, y protege aquello que ha salido de él, y para quien él es el origen.
- La paternidad es el origen de la familia, de la iglesia, y de la cultura.

Ahora, vamos a explorar como es que un padre sostiene y desarrolla o cría a las generaciones futuras, en los caminos de Dios, y en la justicia, por medio de cumplir con su función como maestro.

PRINCIPIOS DEL CAPÍTULO

1. Dios creó al hombre para que sea un padre, tal y como Dios es un Padre, y que de esta manera, el hombre pueda representar a Dios en la tierra, y sostener todo aquello que sale de él.

2. La mujer y el matrimonio salieron del hombre. Del matrimonio salieron los hijos y la familia. Las familias crean comunidades, y las comunidades crean sociedades o naciones. Por lo tanto, los padres son los fundadores de todas las sociedades.

3. La iglesia no puede componer los problemas de la sociedad, cuando el fundamento está fuera de su lugar.

4. Un padre, igual que Dios, sostiene, nutre, y protege aquello que ha salido de él, y donde él ha sido el origen—sin importar el comportamiento hacia él, o la forma como es recibida su provisión.

5. Los hombres que son padres como el Padre Celestial, son el fundamento inamovible que Dios diseñó desde el principio, cuando Él creó a Adán.

Capítulo 6

EL PADRE COMO MAESTRO

T odo aquello que encontramos en los primeros dos capítulos de Génesis, está verificado a través de todas las Escrituras, y establece el fundamento, para que podamos entender la paternidad, el matrimonio, la familia, y la cultura. Dios le dio a Adán la información que necesitaba para ser enseñado. Básicamente, Dios el Padre le enseña a cada padre, para que ellos a su vez, enseñen a sus esposas, a sus hijos, y a las generaciones venideras.

El Padre Recibe las Instrucciones

Es muy importante recordar que los registros bíblicos de Génesis no dan evidencia alguna de que Eva haya recibido ningunas instrucciones de parte de Dios, con relación al Jardín del Edén, o al Árbol del Conocimiento del Bien y del Mal; fue únicamente Adán el que recibió las instrucciones directamente de Dios. (Favor de ver Génesis 2:15–17). Dios el Padre, por lo tanto, hizo a Adán responsable de enseñar a la mujer y a todos aquellos que iban a venir después de él, todo aquello que le había sido enseñado. Este modelo se repite con cada nueva familia.

Esto se ve en forma muy clara, en la relación de Dios con Abraham. Dios le dijo a Abraham,

> *Y el Señor dijo: ¿Ocultaré a Abraham lo que voy a hacer, puesto que ciertamente Abraham llegará a ser una nación grande y poderosa, y en él serán benditas todas las naciones de la tierra? Porque yo lo he escogido para que mande a sus hijos y a su*

casa después de él que guarden el camino del Señor, haciendo justicia y juicio, para que el Señor cumpla en Abraham todo lo que El ha dicho acerca de él. (Génesis 18:17–19)

Fue Abraham quien enseñó los mandamientos de Dios a su hogar, y a las generaciones que vinieron después de él. Si un hombre toma la responsabilidad de convertirse en un maestro, y en un instructor en su hogar, él está atrayendo la atención de Dios y tiene la bendición de Dios. ¿Por qué? Porque cuando el padre funciona como maestro está cumpliendo con el propósito de Dios para su vida. Debido a que el padre es el origen, todo lo que sale de él, debe voltear hacia él por instrucción. Dios le enseña al padre como enseñar a las generaciones futuras.

Vamos a ver nuevamente a Adán y Eva en el libro de Génesis 1–3. Eva fue tomada de Adán. Ella fue diseñada y formada para ser una receptora, pero ella recibió de la fuente de recursos equivocada, cuando prestó oídos a satanás, quien vino a ella en forma de serpiente para engañarla. El varón es el dador o proveedor, y la mujer es la receptora y la incubadora. La mujer no es la que inicia; ella solo responde. Ella le da a sus hijos, a medida que recibe del marido, que también es su padre. El hombre le da semilla a la mujer, y ella le devuelve al hombre en forma de hijos. Ella toma lo que el hombre le da, lo multiplica, y lo devuelve. Lo que hacen las incubadoras es darle vida a la semilla.

En todo esto yace un principio; toda semilla que el padre planta, y todo lo que él enseña, esa semilla y esa instrucción van a ser dadas a luz a través de la madre, hacia los hijos, y hacia los hijos de los hijos. Por lo tanto, todo lo que Eva le daba a Adán, debía haber sido un aumento y una multiplicación, de lo que Adán le dio a ella en primer lugar. Pero Eva quebrantó este principio. Ella fue a Adán con algo que él jamás le había dado a ella. Ella recibió de otra fuente de recursos, que no era la fuente de recursos adecuada. El propósito de Dios fue distorsionado. Dios le impartió a Adán, Adán instruyó a Eva, pero Eva fue a otra fuente de recursos para recibir enseñanza e instrucción. Por consecuencia, en lugar de traer un fruto de vida, Eva le ofreció a Adán el fruto de la muerte. Entonces, cuando Adán aceptó el fruto, en lugar de poner en acción las instrucciones que Dios le había dado, la humanidad cayó, y el pecado entró en el mundo.

La verdad y al vida vinieron de Dios el Padre. Las mentiras y la destrucción vinieron del diablo, puesto eso es lo único que él da. No es de maravillarse que, cuando Adán y Eva tuvieron hijos, uno de los primeros frutos de su descendencia fue el odio y el homicidio. Su hijo Caín mató a su hermano Abel en un arrebato de celos y de furia. Adán y Eva ya habían aceptado información de una fuente de recursos que no fue Dios, y ellos solo reprodujeron aquello que habían recibido—la muerte.

> Si el padre le ha enseñado a su esposa y a sus hijos, las cosas de Dios, entonces se van a producir vidas que caminen en los caminos de Dios en los hijos de sus hijos.

Vamos a aplicar este principio a nuestras familias. Nuestros hijos están supuestos a regresarnos todo aquello que hemos depositado en ellos. Muy a menudo, la única manera en que un padre puede saber qué tan bien lo ha hecho, es a través de sus nietos. Si el padre les ha enseñado a su esposa y a sus hijos las cosas de Dios, entonces, se van a producir vidas que caminen en los caminos de Dios en los hijos de sus hijos. Pero si el padre está ausente, o falla en no enseñarles los principios y los preceptos de la verdad de la Palabra de Dios, entonces, lo más probable es que el pecado va a ser el fruto en los hijos de sus hijos. Es así de simple. Este es el asombroso poder que tiene el padre como maestro.

No os dejéis engañar, de Dios nadie se burla; pues todo lo que el hombre siembre, eso también segará. Porque el que siembra para su propia carne, de la carne segará corrupción, pero el que siembra para el Espíritu, del Espíritu segará vida eterna.

(Gálatas 6:7–8)

Una esposa y madre va a traer buen fruto cuando su marido siembra en ella el fruto del Espíritu Santo. En contraste, podemos ver el resultado de sembrar en una mujer las obras de la carne. Los padres que siembran abuso, van a cosechar abuso. Los padres que siembran adicción van a cosechar esposas e hijos adictos. Los padres que siembran divorcio, van a cosechar familias destrozadas. Pero los padres que siembran la semilla de los frutos del Espíritu Santo, van a cosechar amor, gozo, paz, paciencia, benignidad, bondad , fe, mansedumbre y templanza. (Favor de ver Gálatas 5:22–23).

Los padres deben enseñar solamente la verdad que oyen de parte de Dios el Padre. Como el ejemplo perfecto de Maestro, Jesús declaró, "Cuando levantéis al Hijo del Hombre, entonces sabréis que yo soy y que no hago nada por mi cuenta, sino que hablo estas cosas como el Padre me enseñó" (Juan 8:28). Todo lo que el Hijo enseñó vino del Padre Celestial, que es Su Fuente de recursos, y el Origen.. Que fuerza tan poderosa es un padre en su familia, cuando su esposa y sus hijos saben, que cualquier cosa que él hable o haga, él la está oyendo de parte de Dios.

El padre conforme al propósito de Dios nunca reacciona con enojo en contra de sus hijos, llamándoles nombres, tales como, *tonto, idiota, o estúpido.* ¿Por qué no? Porque el Padre Celestial nunca le llama a él con este tipo de nombres. El padre que actúa conforme al modelo del Padre Celestial, solo les dice a sus hijos, aquello que él ha oído de parte del Padre Celestial. Él llama a sus hijos santos, sacerdotes, realeza, hijos de Dios, e hijos e hijas del Dios Altísimo. El padre declara a su esposa y a sus hijos la imagen de Dios que es en Cristo Jesús.

¿Recuerdas el ejemplo de David y Salomón? Salomón no les enseñó a sus hijos su propia sabiduría, sino la sabiduría que había aprendido de su padre:

Oíd, hijos, la instrucción de un padre, y prestad atención para que ganéis entendimiento, porque os doy buena enseñanza; no abandonéis mi instrucción. También yo fui hijo para mi padre, tierno y único a los ojos de mi madre, y él me enseñaba y me decía: Retenga tu corazón mis palabras, guarda mis mandamientos y vivirás. Adquiere sabiduría, adquiere inteligencia; no te olvides ni te apartes de las palabras de mi boca.

(Proverbios 4:1-5)

David le enseñó a Salomón la sabiduría y la verdad que aprendió de Dios. Salomón aprendió a valorar la sabiduría, y pasó esto, a los que vinieron después de él. Cuando llegó a convertirse en un rey, él le pidió al Padre Celestial que le diera una sabiduría mucho más grande, para poder gobernar su nación. (Favor de ver 2ª Crónicas 1:9-12).

El Padre Instruye y la Madre Ordena

Salomón dijo, *"Oye, hijo mío, la instrucción de tu padre* (instrucción o información original), *y no abandones la enseñanza de tu madre* (ordenes derivadas de la instrucción o información original)*"* (Proverbios 1:8). Existe una diferencia entre una instrucción y una orden o ley. La instrucción es el acto de dar o recibir la información original para cumplir una función o ir en determinada dirección. Una orden o ley es la repetición o el acto de dar cumplimiento a esa instrucción o información. En un contexto divino, una instrucción es la verdad que un padre ha aprendido del Padre Celestial. Él imparte esa instrucción a su esposa. Como madre, ella repite lo que ha oído, pero ahora, como una orden.

Cuando yo estaba creciendo, había once hijos en nuestra familia. Una madre, un padre y once hijos que vivían bajo el mismo techo. Mi padre trabajaba todo el tiempo, pero siempre estaba en el hogar, representado por la voz de mi madre. Mi madre nuca tenía que decir, "si no haces lo que te digo, te voy a disciplinar". Todo lo que ella tenía que decir, para mantener el orden en la casa, era, "Tienes que hacer esto y aquello. Si no lo haces, le voy a decir a tu padre, cuando él regrese a casa". Ella siempre tenía la autoridad de las instrucciones de mi padre. Mi padre solía decir a los hijos, "Ustedes tienen que lavar los platos el día de hoy. Tú vas a limpiar los pisos. Tú vas a cortar el pasto". Siempre orábamos juntos como familia, y entonces, él se iba a trabajar.

Eso era todo. Él nunca tenía que estar en casa para hacer sentir su autoridad, debido a que mi madre estaba en casa. Cuando ella estaba en alguna reunión con sus amigas, todo lo que ella tenía que hacer era mirarme y decir, "Myles, tu padre dijo que tenías que lavar los platos. Paul, tu padre dijo que tenías que limpiar los pisos". Ella solo estaba dando ordenes. Cuando ella decía, "lava los platos", yo no la oía a ella, ¡yo oía a mi padre! Yo sabía que si desobedecía sus ordenes, yo estaba desobedeciendo las ordenes de mi padre, aunque él no estuviera físicamente presente en ese momento. Mi padre dio las instrucciones, y Mamá hizo la ley y dio las ordenes. Ella repetía y hacía que se cumplieran las instrucciones de mi padre. Ella invocaba la autoridad de mi padre, y me solía decir, "si tú no me obedeces, solo espera a que venga tu padre. Él se va a hacer cargo de ti". ¡Eso era más que suficiente para mí! Créanme, me había llegado el mensaje en forma bien clara. ¡Tenía que cumplir o atenerme a las consecuencias! De inmediato yo hacía todas mis tareas. No se hacían más preguntas, ni se daban excusas de ningún tipo, porque yo sabía que detrás de la orden que mi madre estaba dando, se encontraba la autoridad y el poder de mi padre. Él podía traer juicio y disciplina a mi vida, si yo fallaba en obedecer las órdenes de mi madre. La mujer ha sido diseñada para gobernar como una autoridad delegada.

Una vez más, las instrucciones del padre son la información original. La ley o las órdenes de la madre son una repetición de la enseñanza original del padre. Este simple principio ha sido ignorado por completo en nuestra sociedad. Tenemos hogares donde las mujeres están dando órdenes, pero nunca recibieron ningunas instrucciones. Los hijos no sienten ninguna autoridad, no sienten poder alguno en la voz de su madre, porque no existe un hombre en ese hogar. Como resultado de todo esto, hay una carencia total de respeto a la ley y una desobediencia total en el hogar, siendo traducido a través de las actitudes y el comportamiento de los hijos. El padre en realidad es la clave para la sanidad de toda la sociedad y para poder componer la familia. En su familia, él debe regresar al plan y a la función provistos por Dios, de ser un maestro, tal y como lo es su Padre Celestial que lo enseña.

¿Dónde, entonces, es que el padre debe estar obteniendo su instrucción y su información original? De Dios el Padre Celestial y de Su Palabra. Aun si un padre no ha contado con la paternidad de un hombre que camina en los propósitos de Dios, él puede regresar a nuestro Padre Celestial, ser salvo, y poder aprender los caminos de Dios. Él puede recibir instrucción divina de su pastor y de los hombres justos de su iglesia, que conocen y aman la Palabra de Dios. Y, por supuesto, como creyente que ha nacido de nuevo, un padre tiene al Espíritu Santo dentro de él, enseñándole todo lo que el Hijo de Dios oye del Padre Celestial. (Favor de ver Juan 16:5-15).

Un padre que no cuenta con un padre que le pueda enseñar de la Palabra de Dios, debería colocarse bajo la autoridad espiritual de un pastor que predique la Palabra. Diariamente, un padre debe someterse en su relación a Dios. Ahora, él cuanta con el Padre Celestial—no solo con un padre terrenal—para poder corregir todas las cosas que le faltan en su vida. Su familia ahora ha vuelto a tener un maestro otra vez.

El Espíritu de Maestro

Los padres han sido hechos para enseñar; de nuevo, eso explica el por qué los hombres tienen tanta dificultad en ser enseñados por las mujeres. Las instrucciones están supuestas a venir del padre. Dios creó al hombre para que diera instrucción, y a la mujer para que reciba su enseñanza, y entonces, les dé órdenes a los hijos. Aun, cuando los hombres no tienen nada que ver con la enseñanza, ellos odian tener que admitir cuando no saben las respuestas.

Uno de los problemas que tiene nuestra sociedad es que cree en la frase, "todo lo que sé, lo aprendí a los pies de mi madre". No deberíamos estar recibiendo instrucciones de nuestras madres. El método de Salomón es la manera de Dios. El padre instruye, y la madre da las órdenes de lo que el padre ha enseñado.

Una vez más, tienes que regresar al fundamento original, establecido en Génesis. No tenía ningún sentido que Eva le enseñara a Adán acerca del árbol del conocimiento del bien y del mal. Ella no sabía nada acerca de ello. Dios el Padre le enseñó a Adán, y Adán le enseñó a Eva.

Debes notar que en Génesis 2:16-17 dice que, *"Y ordenó el Señor Dios al hombre, diciendo: De todo árbol del huerto podrás comer, pero del árbol del conocimiento del bien y del mal no comerás, porque el día que de él comas, ciertamente morirás"*. Dios le ordenó al hombre—Adán—lo que tenía que hacer. Podemos discernir de Génesis 3:1-3 que Eva sabía y conocía esas instrucciones. ¿Cómo? Adán le enseñó lo que Dios había dicho.

Adán hizo un buen trabajo enseñándole a Eva, pero, como ya vimos anteriormente, ella comenzó a obtener instrucciones de alguien que no era su padre. Hay otra lección acerca de la enseñanza aquí. Eva estaba supuesta a aceptar, obedecer y creer lo que Adán, como su fuente de recursos había dicho, porque Adán había recibido esa información del Padre Celestial. Sin embargo, ella decidió ir más allá de lo que ya había escuchado de "su padre", y comenzó a recibir y a escuchar las enseñanzas de uno que no era "su padre". El padre debe enseñar a su esposa y a sus descendencia que no deben recibir información de ninguna otra fuente de información o de recursos que no sea el Padre Celestial.

Este es un principio muy importante. Si los hijos pueden llegar a aprender como comparar la información que reciben a través de los libros, revistas, y los medios electrónicos de comunicación, contra lo que dice la verdad de Dios, la cual aprendieron de su padre, entonces, ellos pueden ir a cualquier parte, y encarar cualquier tipo de cosas en las culturas, sabiendo donde está realmente la verdad.

Aunque yo encontré una millonada de filosofías falsas en la universidad, mi padre ya me había enseñado la verdad, y me había cimentado en el Padre Celestial y en Su Palabra. Esa verdad se convirtió en el estándar, y en la medida con la cual yo media todo. Si Eva hubiera comparado lo que le dijo la serpiente, contra lo que Adán le había dicho previamente, ella hubiera podido saber de inmediato, que la serpiente estaba mintiendo. Al contrario, ella aceptó la mentira de la serpiente, sin siquiera chocarla contra la verdad que Adán le había enseñado. Ella recibió instrucciones de una fuente de recursos que no era el Padre Celestial, y por consecuencia, fue engañada.

> Los hijos deben comparar el contenido de los medios de comunicación que reciben, contra la verdad de la Palabra de Dios.

El padre que camina de acuerdo a la Palabra de Dios, siempre debe enfatizar a su esposa y a sus hijos, que lo que ha aprendido no vino de su padre terrenal, sino que vino de su Padre Celestial. Esta es la medida. Un padre que es como el Padre Celestial siempre desea que esto sea dicho de él: *"Mientras él vivió no se apartaron de seguir al Señor, Dios de sus padres"* (2ª Crónicas 34:33).

Como un padre que les enseña a sus hijos, yo no estoy sirviendo a mi padre terrenal, sino al Dios de mis padres. Estoy sirviendo al Dios de mis padres espirituales—Abraham, Isaac, Jacob, Moisés, David, y los profetas. Estoy sirviendo al Padre de mi Señor Jesucristo. De esta manera, cuando mi esposa, o mis hijos, o mis nietos siguen mis enseñanzas, ellos están siguiendo las enseñanzas de la Palabra de Dios. Mis hijos saben que la credibilidad de lo que les he enseñado, no está basada solo en el hecho de que yo lo dije, ¡sino en el hecho de que Dios lo dijo!

¿Qué Pasa con las Esposas Salvas y Sus Maridos que no Son Creyentes?

He escuchado a algunas mujeres en las iglesias que dicen lo siguiente, "voy a hacer esto o aquello porque el pastor dijo que debemos hacer esto o aquello. Voy a hacer esta área de ministerio. Voy a servir de esta manera. Mi esposo no está de acuerdo en que yo haga esto, y no cree que yo deba hacerlo, pero yo estoy siguiendo a Dios y a mi iglesia, no a mi marido". ¿Cómo debe ser tratado este tipo de actitud?

En el momento en que una mujer toma a su marido, ella se ha convertido en "su descendencia". Debes recordar que la descendencia de Adán era Eva. Adán dijo, *"Y el hombre dijo: Esta es ahora hueso de mis huesos, y carne de mi carne; ella será llamada mujer, porque del hombre fue tomada"* (Génesis 2:23). Entonces, la siguiente declaración también revela, *"Por tanto el hombre dejará a su padre y a su madre y se unirá a su mujer, y serán una sola carne"* (Génesis 2:24). Es muy importante notar una vez más, que en ningún lugar en las Escrituras dice que una mujer deba dejar a su padre. Solo el hombre es el que deja a su padre y a su madre. Tanto Jesús como Pablo, ambos se refirieron a este versículo, en sus enseñanzas acerca del matrimonio. La implicación es que una mujer, de hecho, nunca debe estar "sin un padre". ¿Por qué? Porque los hombres son padres. Por lo tanto, cuando una mujer nace en un hogar, ella está bajo la autoridad de su padre. Cuando ella se casa, ella está bajo la autoridad de otro "padre", que es su marido. Ella va de un padre a otro padre, debido a que el varón es su sostén y su origen.

De nuevo, Pablo afirmó este principio cuando escribió, *"Porque el hombre no procede de la mujer, sino la mujer del hombre; pues en verdad el hombre no fue creado a causa de la mujer, sino la mujer a causa del hombre"* (1ª Corintios 11:8-9).

Por lo tanto, cuando Pablo dijo, que un hombre no debe cubrir su cabeza, él estaba hablando acerca de autoridad. (Favor de ver 1ª Corintios 11:3-16). ¿Por qué? Por que el hombre es el "padre", y la mujer debe estar bajo la cobertura de una autoridad. Para una mujer, el hombre es tanto el origen, y su fuente de recursos como su sostén. La mujer fue creada para recibir, y el hombre fue creado para dar, instruir, y ser la cobertura de la mujer.

Debes recordar nuestra pregunta: ¿Qué pasa si una mujer abandona la autoridad de su marido, para ir a hacer lo que la iglesia o el pastor dicen? Como pastor, no puedo entrar en la casa de otro hombre. Él es el marido, padre, cobertura y autoridad de su mujer. No puedo instruir a otra mujer para que vaya en contra de la autoridad de su marido. Si yo lo hiciera, estaría actuando como la serpiente hizo en el Jardín del Edén con Eva. Se necesita mucha corrección en la iglesia en estos asuntos. Los pastores y los líderes de la iglesia nunca deben usurpar la autoridad de los esposos y padres.

Tomen un ejemplo perfecto de este tipo de situación. En Juan capítulo 4, Jesús se encontró con la mujer en el pozo. Él es Dios, y ciertamente, Él podía haber hecho un milagro en ese mismo momento, salvándola y sanando instantáneamente cada área de su vida, pero Él no lo hizo. ¿Por qué? Él entendía los principios y las funciones de la paternidad. Por lo tanto, Jesús le hizo a la mujer una pregunta muy sencilla, que es una pregunta que muy seguido nos olvidamos hacer. De hecho, Él le dice, "Donde está tu marido?" Jesús se está refiriendo a su cobertura, su autoridad y a su padre. Jesús no intentó moverse para reemplazar a su marido. La respuesta de ella es muy interesante: *"No tengo marido"* (v. 17). Jesús le responde a esta declaración diciendo, "Tú estas en lo correcto. Yo conozco a los maridos que has tenido, y el que ahora tienes, no es tu marido. Tú estás sin cobertura alguna. Yo puedo ayudarte. Yo puedo darte las instrucciones que necesitas". (Favor de ver 1ª Corintios 11:17-18; 21-24).

¿Qué es lo que el pastor de una iglesia hace, cuando una esposa está bajo la autoridad de un hombre que no es creyente? La iglesia ha cometido muchos errores en esta área. Nuestro objetivo final en la iglesia no es poner a una mujer cristiana en el ministerio. De acuerdo a lo que dice Jesús, el objetivo de la iglesia es ser pescadores de hombres, por medio de ir al mundo con el Evangelio. A Dios le interesa más el marido de esta mujer que no es salvo, para que él sea restaurado con Dios, más que tener a esa mujer en un ministerio en la iglesia. La Gran Comisión que fue dada en Mateo 28:18-20 no tiene el propósito de colocar gentes en diferentes posiciones. Tiene el propósito de hacer discípulos en todas las naciones y salvar a los perdidos. Ahora, si ese concepto es tan claro, entonces, debemos hacer todo lo que podamos dentro de nuestra autoridad legal en el Cuerpo de Cristo para que un hombre se salve.. deberíamos estar animando y equipando a la esposa, para que testifique y ame a su marido, tal y como Cristo la ama a ella.

> Como la novia de Cristo Jesús, la iglesia tiene las instrucciones, la autoridad y el poder del Padre Celestial, para hablar y actuar con todo valor.

Si competimos con el esposo de la mujer, esto contradice a la Gran Comisión dada para la iglesia, siendo que deberíamos ir y ganarlo para Cristo. Cuando una mujer me dice como pastor, "Pastor, mi marido dice que no puedo venir a la reunión que usted anunció, pero dado que usted es mi pastor, ¿qué debo hacer?" Mi respuesta es, "tú debes quedarse en casa con tu marido, porque yo no soy tu padre". Incluso, en ocasiones, voy más allá, y escribo alguna nota para el marido, donde nos disculpamos como iglesia, por este programa que está en conflicto con su horario, y le pedimos que por favor nos perdone por esto. Y envío a su esposa de regreso con él.

¿Cómo creen que ese marido va a responder? Muy probablemente sea guiado a Cristo Jesús, porque ahora él dice, "finalmente he encontrado un pastor que no está tratando de competir conmigo". Él va a desear conocer más acerca del Dios que su esposa está sirviendo. ¿Por qué? Porque ni Dios, ni la iglesia está tratando de arrebatar su esposa de él, sino al contrario, le están enseñando a su esposa a respetarlo como esposo y como el padre de su hogar. Esto no quiere decir que una mujer debe dejar de ir a la iglesia completamente si su esposo no quiere que ella vaya. Ella necesita tener comunión con otros cristianos. (Favor de ver Hebreos 10:25). Pero algunas mujeres pasan demasiado tiempo en la iglesia, y ellas descuidan a su marido, y no les muestran el amor y el respeto que deberían mostrarles.

La Instrucción Trae Poder y Autoridad

Dado que la mujer no fue diseñada para dar instrucciones, sino para dar órdenes, esto significa que el poder de la mujer se encuentra envuelto en el hombre. Tal y como lo mencioné anteriormente, la razón por la cual, las madres solteras de nuestras naciones están teniendo tantos problemas, es que están dando órdenes, pero ellas nunca recibieron ningunas instrucciones. Esta es un principio clave que tiene una muy extensa aplicación a Cristo y a Su novia, que es la iglesia.

Tal y como lo hemos visto, uno de los títulos de Jesús es, *"Padre Eterno"* (Isaías 9:6). Otro título usado por aquellos que estaban alrededor de Él fue Rabí o Maestro. ¿Qué era lo que lo calificaba para poder enseñar? Él es un Padre que recibe instrucciones de Dios, Su Padre.

Jesús, el Segundo Adán, tuvo éxito donde el primer Adán había fallado. Jesús escuchó a Su Padre y habló solo aquello que el Padre decía. Él también enseñó solo lo que el Padre quería enseñar. Entonces, de Jesús, salió una "mujer"—que es la iglesia, la *"eclesia"*. La novia de Cristo, que es Su iglesia, solo hace lo que Él dice, porque la novia tiene al Espíritu Santo, que solo habla aquello que el Hijo ha escuchado del Padre Celestial. (Favor de ver Juan capítulos 14–16). Favor de notar el orden de enseñanza que Jesús delineó:

> *Cuando venga el Consolador, a quien yo enviaré del Padre, es decir, el Espíritu de verdad, que procede del Padre, El dará testimonio de mí, y vosotros daréis testimonio también, porque habéis estado conmigo desde el principio.* (Juan 15:26–27)

Hemos sido enseñados en la verdad, desde el Padre Celestial, a través del Hijo, y por medio del Espíritu Santo—lo cual, a su vez, les enseñamos a los demás. Las únicas instrucciones que debemos de dar, son aquellas que recibimos del Padre Celestial, y que aprendemos por medio de leer Su Palabra, y de escuchar a Su Espíritu. La iglesia toma estas instrucciones y las declara con autoridad en forma de órdenes. Este es el principio detrás de la declaración de Jesús con relación a la autoridad, y la forma en que debemos usar Su Nombre para ordenar a todas las enfermedades, padecimientos, a los demonios, y a las montañas.

> **Los padres han abandonado su responsabilidad de ser maestros de la Palabra de Dios en sus hogares.**

Como la novia de Cristo, la iglesia tiene las instrucciones, la autoridad, y el poder del Padre Celestial, para hablar y para actuar con todo valor en el mundo. La novia de Cristo está investida de poder para declarar cosas. "Yo te ato" es una orden, y no solo una instrucción. "Yo te suelto y te libero" es una orden. "¡Sal de él!" es una orden. La iglesia ata, suelta, libera, sana, y no como simples enseñanzas, sino como órdenes, bajo la autoridad de nuestro Marido, Cristo Jesús, que nos enseñó lo que Él escuchó del Padre Celestial.

Cristo nos dio instrucciones, y entonces, Se fue. Nosotros permanecemos en el mundo con Sus instrucciones. Estamos supuestos a salir y a poseer las tierras, y recobrar todo lo que el diablo ha robado. Tenemos la autoridad del Padre Celestial para hacerlo. Cada vez que damos una orden, las vidas son transformadas, porque la autoridad del Padre Celestial está en nosotros, a través de Su Espíritu Santo. Declaramos la verdad en Su Nombre, porque tenemos Su autoridad.

La Falta de Autoridad Lleva a la Confusión y al Caos

Es muy trágico que en muchos hogares, hoy en día, la madre no puede invocar con autoridad, el nombre del padre de su hijo o hijos. De hecho, muchas maldicen el nombre de los padres. ¿Por qué? Porque los padres han abandonado su responsabilidad de ser maestros de la Palabra de Dios en sus hogares.

Hemos visto que una de las principales estrategias de Satanás, es remover a los padres del hogar. El diablo ataca a los padres porque cuando ellos hacen aquello para lo cual están diseñados a hacer, ellos enseñan acerca del Padre Celestial en sus hogares, ¡y satanás odia eso! El diablo quiere que el hogar esté en una rebeldía total en contra de los padres y en contra de Dios el Padre. Si el diablo puede remover al maestro de la familia, entonces, no va a haber instrucción alguna. Si no hay instrucción, entonces, no existe autoridad alguna. Si no hay autoridad, entonces, existe la anarquía y el caos total. Cuando predominan el caos y la anarquía, un sinnúmero de cosas pueden suceder—los muchachos se involucran en pandillas o gangas, y comienzan a usar drogas, y comienzan a andar con muy malas compañías—todo esto, debido a que no existe autoridad alguna en el hogar.

Debido a que el padre da la instrucción en el hogar, él también disciplina y da la corrección en su casa. Ahora vamos a ver la función del padre como aquel que disciplina en el hogar.

PRINCIPIOS DEL CAPÍTULO

1. Dios enseña a los padres, y entonces, los padres enseñan a su familia en su hogar.

2. Cualquier semilla que el padre siembra, y cualquier cosa que él enseña, va a ser dada a luz a través de la madre, hacia los hijos, y a los hijos de sus hijos.

3. Loa padres terrenales deben enseñar solo la verdad que escuchan del Padre Celestial.

4. Los padres instruyen y las madres ordenan. La instrucción del padre es la información original. La ley u ordenes de la madre es la repetición de las instrucciones y enseñanza original del padre.

5. El padre debería enseñar a su esposa y a su descendencia a no recibir ninguna enseñanza espiritual de ninguna otra fuente de recursos que no sea el Padre Celestial, a través de Su Palabra y de Su Espíritu Santo.

6. Los pastores y los líderes de las iglesias no deben buscar usurpar la autoridad de los esposos. (Esto no significa que una mujer nunca va a asistir a la iglesia si su marido no se lo permite, sino que ella debe demostrar su respeto y amor hacia él, y nunca usar a la iglesia como pretexto para descuidarlo).

7. Como la novia de Cristo, la iglesia tiene las instrucciones, autoridad, y el poder del Padre Celestial, para hablar y para actuar con todo valor en el mundo; la iglesia ordena lo que Jesús escuchó del Padre Celestial.

Capítulo 7

El Padre como Aquel que Disciplina

Para poder entender lo que significa para el padre, el hecho de ser la persona que disciplina, primero debemos darnos cuenta que la disciplina no es castigo. La disciplina lleva la enseñanza al siguiente nivel. Una cosa es enseñar a un hijo o hija, pero la corrección y mayor instrucción ayudan a moldear el carácter de los hijos. Por lo tanto, la disciplina es entrenamiento.

"Enseña al niño el camino en que debe andar, y aún cuando sea viejo no se apartará de él" (Proverbios 22:6). Esta instrucción les es referida a los padres. Debes notar la aplicación de este principio en el libro de Efesios 6:4 donde dice: *"Y vosotros, padres, no provoquéis a ira a vuestros hijos, sino criadlos en la disciplina e instrucción del Señor".* De nuevo, quiero enfatizar que la disciplina no es castigo impartido por un padre que está enojado o lleno de ira. Pablo advirtió muy claramente, *"Padres, no exasperéis a vuestros hijos, para que no se desalienten"* (Colosenses 3:21).

Lo que la sociedad ha hecho es dejar la disciplina a la mujer, debido a que la mayoría de los hombres piensan que entrenar es lo mismo que castigar. Cuando se refirió a la mujer, Dios dijo, *"Y el Señor Dios dijo: No es bueno que el hombre esté solo; le haré una ayuda idónea"* (Génesis 2:18). Ser *"una ayuda idónea"* significa ser "adecuada o apropiada" o "adaptable". Alguien que es adecuado, apropiado o adaptable puede ser entrenada y equipada en la responsabilidad.

Leemos en Génesis 2:15, *"Entonces el Señor Dios tomó al hombre y lo puso en el huerto del Edén, para que lo cultivara y lo cuidara".* Esta instrucción se refiere a la disciplina y al orden. La palabra "cultivar" significa entrenar.

A los padres les fue dada por Dios Mismo, la responsabilidad de entrenar y de equipar todo aquello que esté bajo su cuidado, lo cual incluye a su esposa y a sus hijos.

¿Cuál es la diferencia entre cultivar o dejar que algo crezca por sí solo? Cuando una planta crece sin cultivo, se convierte básicamente en una hierba. Las plantas cultivadas forman un huerto. Los árboles que crecen sin cultivo y en desorden forman bosques. Los árboles que son cultivados forman una arboleda cultivada. Sin cultivo, no hay orden, y no puede existir un desarrollo sistemático. Pero siempre que hay planeación y entrenamiento, ahí hay disciplina y cultivo en acción.

> Cada vez que hay planeación y entrenamiento, podemos ver la disciplina y la cultivación en acción.

Génesis 2:5 revela que el cultivo forma parte del plan de Dios el Padre para la humanidad. *"Y aún no había ningún arbusto del campo en la tierra, ni había aún brotado ninguna planta del campo, porque el Señor Dios no había enviado lluvia sobre la tierra, ni había hombre para labrar la tierra".* El trabajo de Adán incluía cultivar la tierra que le había sido dada para su mantenimiento. Dios colocó al hombre en el jardín y le dio instrucciones para que trabajara, entrenara, y mantuviera la tierra.; Dios no quería un crecimiento salvaje, desordenado o desorganizado. Dios el Padre tiene un plan ordenado, disciplinado y con propósito para todas las cosas.

De la misma forma en que Adán iba a cultivar la tierra, un padre debe cultivar a su descendencia. Cuando llegó Eva, y eventualmente llegaron los hijos, Adán, como padre, tenía que asegurarse de que no crecieran en forma salvaje o desordenada. El mundo cree que los hijos necesitan "estar completamente libres" mientras crecen, pero eso está en contradicción directa al plan de Dios para cultivar y disciplinar. En la actualidad, tenemos muchachos esparciendo su semilla—que es su esperma—por todos lados, porque no estamos cultivándolos, ni disciplinándolos. Nuestro Padre Celestial nos entrena y nos disciplina; de la misma manera, los padres deben seguir Su ejemplo en la vida de sus hijos.

El libro de Hebreos nos lo dice de esta manera:

Además, habéis olvidado la exhortación que como a hijos se os dirige: "Hijo mío, no tengas en poco la disciplina del Señor, ni te desanimes al ser reprendido por El; porque el Señor al que ama, disciplina, y azota a todo el que recibe por hijo". Es para vuestra corrección que sufrís; Dios os trata como a hijos; porque ¿qué hijo hay a quien su padre no discipline? Pero si estáis sin disciplina, de la cual todos han sido hechos participantes, entonces sois hijos ilegítimos y no hijos verdaderos. Además, tuvimos padres terrenales para disciplinarnos, y los respetábamos, ¿con cuánta más razón no estaremos sujetos al Padre de nuestros espíritus, y viviremos? Porque ellos nos disciplinaban por pocos días como les parecía, pero El nos disciplina para nuestro bien, para que participemos de su santidad".

(Hebreos 12:5-10)

Dios el Padre nos disciplina, y los padres, de la misma manera como Dios lo hace, deben disciplinar a sus hijos.

Permíteme darte algunos ejemplos de las maneras en que los padres pueden disciplinar, cultivar y entrenar a sus hijos. Debes recordar que la palabra *disciplinar* viene de la palabra *discípulo,* la cual se refiere a alguien que aprende por medio de seguir los pasos de otro. Por lo tanto, los padres entrenan y disciplinan a sus hijos, por medio de hacerles seguir su ejemplo. Sus hijos aprenden por imitación. Eso es exactamente lo que Jesús hizo que sus discípulos hicieran. Él les dijo, "¡Síganme!" (Favor de ver, como ejemplo, Mateo 4:19).

Un ejemplo muy concreto de este concepto es un tren. Llamamos a toda una línea de carros de ferrocarril, que están sobre las vías "un tren". Pero la palabra *tren* viene de una palabra que significa "jalar" o "arrastrar". Técnicamente, solo el carro de la maquina es el tren, porque todo lo demás que está adherido a la maquina es solo un seguidor de la misma. El principio que gobierna un tren es similar al principio que Dios quiere implementar en nuestras familias. Un padre nunca está supuesto a solo apuntar la dirección a su esposa o a sus hijos. Él es la maquina, y debería poder decir, "adhiéranse a mí. Vean adonde voy. Síganme. Imiten mi ejemplo, y entonces, ustedes van a ir en la dirección correcta".

> **Los padres entrenan y disciplinan a sus hijos, por medio de hacerles seguir su propio ejemplo.**

La primera responsabilidad de un padre es tratar de parecerse a su Padre Celestial, y hacer todo lo que el Padre Celestial hace. Dios nunca apunta en una dirección y acaba por ir en otra dirección. Un verdadero padre nunca dice, "haz lo que digo, pero no lo que hago". Al contrario, un padre que anda de acuerdo al propósito de Dios, puede decirle a su esposa y a sus hijos, con integridad y sin tener que avergonzarse, "vivan de acuerdo a como yo vivo, y entonces, se van a parecer al Padre Celestial". En otras palabras, un padre se va a convertir en Cristo Jesús, en todo aquello que él quiere que su esposa y sus hijos se conviertan.

Considera otra vez el ejemplo de Abraham. Abraham recibió el favor de Dios, porque él cultivó su hogar en los mandamientos de Dios. (Favor de ver Génesis 18:18–19). Él incluso cultivo a su propio siervo. No le permitió a nadie que trabajara en su hogar sin haber sido entrenado y disciplinado en los caminos de Dios. Él se aseguró que aún sus siervos pudieran obedecer los estándares de Dios, y que siguieran su ejemplo.

El principio es este: Un padre sigue el ejemplo del Padre Celestial, y le enseña a su descendencia a seguirlo a él. Un padre que camina en el propósito de Dios, guía a todos aquellos que lo siguen hacia el Padre Celestial.

Abraham no quería a ningún pagano trabajando para él. Todos dentro de su hogar seguían al padre Abraham, y Abraham seguía a Dios el Padre.

Los padres deben *disciplinar* a sus familias. De nuevo, un discípulo es un seguidor que aprende por medio de la observación. Los discípulos en el pasado siempre dejaban sus hogares, porque la enseñanza era todo un estilo de *vida,* y no solo una platica acerca de ello. El padre no solo enseña en el hogar, sino que también toma a sus hijos hacia el mundo junto con él, a fin de que ellos puedan observar como es que él maneja las diferentes situaciones, de una manera que esté de acuerdo a Dios el Padre Celestial. Si un padre va a disciplinar a sus hijos, él debe hacerlo, por medio de permitirles ver como funciona él en las diferentes condiciones y situaciones.

Es imposible ser efectivo siendo un padre a larga distancia. Un padre no puede funcionar como padre para sus hijos, o entrenarlos, si no está presente con ellos. No puedes disciplinar por vía telefónica o escribiendo e-mails o correos electrónicos en la Internet. El hecho de no estar presente en la vida de sus hijos, hace de un hombre, un mero proveedor de semen o esperma, pero nunca un padre. Un padre entrena a su hijo o hija por medio de hacer que el hijo o hija observe todo lo que el padre hace, dice, y decide en el mundo real.

Los padres necesitan disciplinar y discipular a sus hogares, por medio de permitir que su familia los observen en las siguientes maneras:

- Leyendo y poniendo en práctica la Palabra de Dios.

- Orando e intercediendo

- Tomando decisiones correctas, basadas en los principios y en la verdad absoluta de la Palabra de Dios.

- Trabajando en el mundo real, y viviendo el ejemplo de Cristo Jesús.

- Compartiendo el Evangelio con otras personas.

- Adorando y alabando a Dios el Padre Celestial abiertamente.

- Manejando y resolviendo problemas, sin comprometerse con el mundo.

- Manteniendo sus promesas y sin romper las promesas que hayan hecho.

- Tratando a su esposa con honor y con dignidad.

- Honrando a otros por encima de ellos mismos.

- Amando a sus enemigos.

- Siendo reconciliadores entre las diferentes razas y entre los diferentes niveles económicos y sociales.

- Asegurándose de que sus acciones y palabras correspondan—y mostrando que tienen carácter e integridad.

En el Israel antiguo, los discípulos seguían a sus rabís por todos lados, aprendiendo a vivir de acuerdo al ejemplo de ellos. En forma similar, cuando los padres disciplinan a sus hijos, ellos les enseñan como vivir la vida de acuerdo a su ejemplo. El padre se convierte en un amo en su propio hogar; y esa no es una descripción negativa. A medida que el padre domina las habilidades y los dones de cómo operar en el Espíritu Santo, los miembros de la familia pueden observar al amo, y pueden aprender por ellos mismos, como caminar en el Espíritu Santo.

Nuestro siguiente paso hacia el entendimiento de las funciones de la paternidad, va a consistir en examinar la forma como el padre es la cabeza y el líder de su hogar.

Principios del Capítulo

1. A los padres, Dios les ha dado la responsabilidad de entrenar y de equipar todo aquello que esté bajo su cuidado.

2. Dios el Padre nos disciplina, y los padres que caminan de acuerdo al propósito de Dios, disciplinan a sus hijos.

3. Cuando los padres entrenan a sus hijos, ellos les enseñan por medio de su propio ejemplo, permitiendo que sus hijos aprendan por medio de la imitación.

4. Un padre sigue el ejemplo de nuestro Padre Celestial, y les enseña a su descendencia a seguirlo a él. Un padre de acuerdo al propósito de Dios guía y dirige a todos para que lo sigan hacia Dios.

5. Los hombres no pueden ser padres de sus hijos si no están con ellos, ni pueden entrenar a sus hijos, si no están a su lado. Un padre entrena a un hijo o hija, por medio de hacer que ellos observen lo que el padre hace, dice, y decide en el mundo real.

6. Los padres necesitan disciplinar su hogar a través de permitir que su familia los observen a ellos operando de acuerdo al propósito de Dios, en el poder del Espíritu Santo.

Capítulo 8

EL PADRE COMO CABEZA Y LÍDER

Una de la palabras en latín para la palabra padre es *fundus*, que significa "base" o "fondo". De aquí es que obtenemos la palabra *fundamento*. Hemos hablado del hombre como el fundamento en el capítulo dos. El fundamento de la familia es el padre, que comienza como progenitor y origen, y entonces, sostiene, nutre, protege, enseña, y disciplina su hogar.

El padre es la cabeza de la familia, como resultado de la creación y del tiempo de Dios. Ahora, el hecho de que él es la cabeza, no quiere decir que él es superior o más grande que la mujer. Significa que tiene la responsabilidad principal y es quien tiene que dar cuentas por su familia.

Otra vez, ser la cabeza no es una declaración de cuanto vales, ni de valor intrínseco. El padre nunca puede decir que el hecho de ser la cabeza o de ser el líder, lo hace más grande. Jesús, como Cabeza de la iglesia se humilló a Sí Mismo en la forma de siervo: *"Haya, pues, en vosotros esta actitud que hubo también en Cristo Jesús, el cual, aunque existía en forma de Dios, no consideró el ser igual a Dios como algo a qué aferrarse, sino que se despojó a sí mismo tomando forma de siervo, haciéndose semejante a los hombres"* (Filipenses 2:5-7).

Los líderes y las cabezas de los hogares, primeramente y más que nada, son siervos igual a Cristo Jesús. Es imposible asumir una posición de liderazgo sin haber servido primero. Jesús dijo,

Y llamándolos junto a sí, Jesús les dijo: Sabéis que los que son reconocidos como gobernantes de los gentiles se enseñorean de

ellos, y que sus grandes ejercen autoridad sobre ellos. Pero entre vosotros no es así, sino que cualquiera de vosotros que desee llegar a ser grande será vuestro servidor, y cualquiera de vosotros que desee ser el primero será siervo de todos. Porque ni aun el Hijo del Hombre vino para ser servido, sino para servir, y para dar su vida en rescate por muchos. (Marcos 10:42-45)

Podemos usar el cuerpo físico como una analogía para poder entender las funciones espirituales que implica ser la cabeza de la familia. La cabeza planea el cuidado de todo el cuerpo, y en general, guía las acciones de todo el cuerpo. Muchos hombres suelen decir, "soy la cabeza de esta casa", pero se les olvida la responsabilidad y el deber que tienen que cumplir como cabeza de ese hogar. El padre tiene la responsabilidad de preservar, proteger, nutrir, y guiar a su esposa y a sus hijos.

Los Padres Planifican

En primer lugar, "la cabeza" contiene al cerebro. Si el hombre dice ser el padre y la cabeza del hogar, entonces, él debe tener la mente de Cristo (Favor de ver 1ª Corintios 2:16), lo cual incluye el conocimiento y la sabiduría para guiar a la familia en los caminos de Dios. El padre tiene la responsabilidad de resolver los problemas que la familia llega a enfrentar. Él calcula adonde y en qué dirección va a ir la familia, y busca la guía de Dios para hacer planes a largo plazo—a diez, quince, o veinte años—para la familia. El padre es el consejero, es el planeador de las carreras profesionales y de las finanzas, y es el gerente y administrador de los recursos de la familia. Todas esas funciones están en el cerebro. Los dedos y las piernas no toman ese tipo de decisiones; estas decisiones se toman en el cerebro.

Los Padres Proveen la Visión

El padre, si es la verdadera cabeza, se convierte en el visionario de la familia. Los ojos están en la cabeza, y ellos ven todo lo que se encuentra enfrente del cuerpo. Los ojos no están en la espalda, ni en el estómago. Si tú eres la cabeza, tú estás supuesto a tener una visión para tu familia: visión interna, metas a largo plazo, y un plan para el futuro. El padre discierne las cosas que están sucediendo en el ámbito natural, así como lo que está sucediendo en el ámbito sobrenatural para familia.

Como el visionario, el padre anticipa las cosas antes que sucedan, y prepara y equipa a la familia para que puedan encarar el futuro. Los padres tienen *percepción, concepción, y comienzo.*

Percepción:

La percepción es la consciencia de lo que está sucediendo. Un padre sabe lo que está sucediendo con su esposa y con sus hijos en el hogar todo el tiempo. Cuando el comportamiento o las actitudes cambian, él lo sabe. Cada vez que existe una necesidad física o espiritual, él está consciente de ello.

> Como el visionario, el padre prepara y equipa a la familia para que pueda encarar el futuro.

Nada escapa de su atención. El padre está bien afinado con todo lo que sucede, y cuida de cada una de las personas de su familia. Muy frecuente mente escucho familias que se quejan diciendo, "Papá no sabe lo que pasa. Él nunca entiende o nunca sabe lo que está sucediendo en nuestra vida. Él está demasiado involucrado en su trabajo para fijarse en nosotros". Recuerda, Dios cuida de todo. Jesús estaba consciente de todo lo que sucedía alrededor de Él, aún hasta el punto de poder notar que una mujer muy necesitada había tocado el borde de su túnica. (Favor de ver Marcos 5:24–34). Dios el Padre está consciente de todas las cosas. Jeremías oró diciendo, *"Grande en consejo y poderoso en obras, cuyos ojos están abiertos sobre todos los caminos de los hijos de los hombres, para dar a cada uno conforme a sus caminos y conforme al fruto de sus obras"* (Jeremías 32:19). Igual que el Padre Celestial, un padre debe estar consciente de todo lo que pasa en su familia.

Concepción

La concepción es el comienzo creativo de un proceso, que pone en acción una cadena de eventos. Dios es Quien pone todo en movimiento; Él es *"El Dios que hizo el mundo y todo lo que en él hay, puesto que es Señor del cielo y de la tierra, no mora en templos hechos por manos de hombres"* (Hechos 17:24). Él inicia, concibe, y crea todo. De la misma forma, un padre concibe en su mente los comienzos de las cosas para su familia, y entonces, se convierte en la fuente de recursos para traer a la realidad todo aquello que ha concebido. Como cabeza de la familia, él toma la iniciativa para escuchar a Dios, y para concebir las ideas *de Dios*, y no solo aquellas ideas que parecen o suenan ser buenas.

Comienzo

El comienzo es el principio, o el arranque de algo nuevo. Dios el Padre siempre está haciendo "algo nuevo" en nuestra vida. Él dice, *"He aquí, hago algo nuevo, ahora acontece; ¿no lo percibís? Aun en los desiertos haré camino y ríos en el yermo"* (Isaías 43:19). Un padre siempre está dispuesto a arriesgar cosas nuevas para su familia. Él va a romper con la rutina de las viejas tradiciones y costumbres, que conllevan todo tipo de ataduras. Un padre recibe las palabras que Dios tiene para él y para su familia, regocijándose en la refrescante novedad del río de Dios en su vida.

Los Padres Disciernen

¿Qué mas está en la cabeza? La nariz. La nariz discierne y detecta. ¿Acaso tú eres el tipo de padre que siempre está discerniendo? Discernir está muy ligado a cuidar, lo cual discutiremos en el siguiente capítulo. Un padre que camina dentro del propósito de Dios puede sentir las cosas que van a venir en contra de su familia en los años próximos. Él también tiene sentido de lo que va a suceder la semana siguiente; él detecta y confronta todo lo que sucede en sus hijos. Tal vez, su hijo o hija adolescente está experimentando cambios muy difíciles, y se encuentra bajo una terrible presión, por parte de sus compañeros de escuela. Como cabeza del hogar, el padre discierne el problema, y dedica tiempo, para platicar con sus hijos, aconsejándolos, apoyándolos, afirmándolos, y dándoles dirección. Un padre que camina en el propósito de Dios también puede sentir cuando su esposa tiene necesidad de cariño, o cuando ella necesita pasar tiempo a solas con él. En otras palabras, un padre puede detectar "el aroma" que existe en su familia, en su hogar, su negocio, y en su vecindario.

Dios el Padre conocía nuestras necesidades, y nos preparó, aún desde antes de la fundación del mundo:

Bendito sea el Dios y Padre de nuestro Señor Jesucristo, que nos ha bendecido con toda bendición espiritual en los lugares celestiales en Cristo, según nos escogió en El antes de la fundación del mundo, para que fuéramos santos y sin mancha delante de El. En amor nos predestinó para adopción como hijos para sí mediante Jesucristo, conforme al beneplácito de su voluntad, para alabanza de la gloria de su gracia que gratuitamente ha impartido sobre nosotros en el Amado. En El tenemos redención mediante su sangre, el perdón de nuestros pecados según las riquezas de su gracia que ha hecho abundar para con nosotros. En toda sabiduría y discernimiento nos dio a conocer el misterio de su voluntad, según el beneplácito que se propuso en El, con miras a una buena administración en el cumplimiento de los tiempos, es decir, de reunir todas las cosas en Cristo, tanto las que están en los cielos, como las que están en la tierra. En El también hemos obtenido herencia, habiendo sido predestinados según el propósito de aquel que obra todas las cosas conforme al consejo de su voluntad, a fin de que nosotros, que fuimos los primeros en esperar en Cristo, seamos para alabanza de su gloria. En El también vosotros, después de escuchar el mensaje de la verdad, el evangelio de vuestra salvación, y habiendo creído, fuisteis sellados en El con el Espíritu Santo de la promesa, que nos es dado como

garantía de nuestra herencia, con miras a la redención de la
posesión adquirida de Dios, para alabanza de su gloria.
(Efesios 1:3-14)

Dios preparó (1) a Cristo Jesús para que muriera por nosotros, (2) preparó el don del Espíritu Santo, y (3) preparó nuestra herencia eterna en la gloria. ¡Eso es lo que se llama ser un verdadero padre! Dios discernió nuestras necesidades antes de que fuéramos creados. Jesús estaba detectando nuestras necesidades, mucho antes de Su crucifixión y resurrección. Él dijo, *"En la casa de mi Padre hay muchas moradas; si no fuera así, os lo hubiera dicho; porque voy a preparar un lugar para vosotros"* (Juan 14:2).

Considera a Adán en el jardín, antes de que Eva fuera creada y tomada de él. Dios ya sabía que el hombre se iba a sentir solo. Adán no sabía que él estaba solo. Él tenía el jardín, todas las criaturas de la tierra, y más que nada, él tenía a Dios. No era posible que Adán se sintiera solo, porque él moraba dentro de la presencia de Dios; sin embargo, Dios sabía el propósito y la naturaleza del hombre que Él había creado. Dios el Padre ya sabía de antemano, la necesidad de Adán, aún antes de que él la tuviera; por lo tanto, Dios creó a Eva.

Los Padres Escuchan

También ubicados en la cabeza se encuentran los oídos. Tú eres un padre, si es que puedes escuchar a tu familia. El padre siempre debe escuchar a Dios y a su familia, porque Dios el Padre siempre nos escucha a todos nosotros. El salmista escribió, *"Amo al Señor, porque oye mi voz y mis súplicas. Porque a mí ha inclinado su oído; por tanto le invocaré mientras yo viva"* (Salmo 116:1-2). Escucho a las esposas y a los hijos que continuamente se quejan, diciendo, "Papá nunca tiene tiempo para escucharme". Padres, por favor, tomen tiempo para escuchar a su familia. Como padre y como cabeza de la familia, aquí hay algunas preguntas que necesitas hacerte a ti mismo:

- ¿Estás escuchando la voz de Dios?
- ¿Estás recibiendo instrucciones para ti y para tu familia?
- ¿Estás obteniendo información para tu esposa y para tus hijos?
- ¿Estás detectando lo que está pasando en el mundo, y estás preparando a tu familia para ello?
- ¿Estás escuchando la corrección, la instrucción y los regaños de Dios?
- ¿Estás escuchando la verdadera voz de tu esposa y de tus hijos?

Muchos hombres creen que están muy ocupados para poder escuchar a su familia. Pero el hecho de escuchar es un don o un regalo que los padres le otorgan a su familia. Cuando ellos escuchan, esto les dice a su familia que les importan a ellos, mientras que cuando los padres no escuchan a su familia, esto les dice que existe una falta de amor y que no se preocupan por ellos. Debido a que Dios el Padre nos ama, Él siempre nos oye y nos contesta. ¡Nosotros como padres, necesitamos escuchar de la misma forma como nuestro Padre Celestial escucha!

Los Padres Hablan la Palabra de Dios

Finalmente, el hecho de ser el líder o la cabeza significa que el padre es la boca de la familia. El padre está supuesto a hablar y declarar la Palabra de Dios en el hogar. A través de la voz del padre, la familia escucha la voz de Dios.

Si una esposa quiere escuchar a Dios, ella debería ser capaz de escuchar Su voz a través de su marido primeramente, y no solo a través del pastor, o del apóstol, maestro, o evangelista en la iglesia.

De la misma manera, si los hijos quieren escuchar lo que Dios tiene está diciendo, ellos no deberían ir con nadie más. La familia debería escuchar de Dios a través de la cabeza del hogar, que a su vez, debe ser capaz de escuchar a Dios, y conocer Su Palabra. Todo lo que se dice en la iglesia debería de confirmar y apoyar lo que ya se ha dicho en el hogar, a través del padre, que está en una relación muy íntima con el Padre Celestial.

Por ejemplo, Pablo escribió que las mujeres deberían estar en silencio en la iglesia.

Las mujeres guarden silencio en las iglesias, porque no les es permitido hablar, antes bien, que se sujeten como dice también la ley. Y si quieren aprender algo, que pregunten a sus propios maridos en casa; porque no es correcto que la mujer hable en la iglesia. (1ª Corintios 14:34-35)

Es muy importante poder entender todo el contexto de este versículo, para poder apreciar el verdadero valor y el impacto de la declaración de Pablo.

En las reuniones de la iglesia en Corinto, había muchos problemas. Esto se debía a que parte de la gente que se habían convertido a la fe cristiana venían de la prostitución y prácticas paganas. Algunos de los servicios estaban a punto de convertirse en algo desordenado e incontrolable, si esos convertidos regresaban a sus antiguas prácticas paganas. Más aún, en las sinagogas, los hombres y las mujeres se sentaban separados. Los hombres se sentaban en el área principal, mientras que las mujeres se sentaban detrás de ellos o en los balcones. Bajo este escenario, muchas mujeres le gritaban a su marido, haciéndole preguntas acerca de lo que el rabí estaba diciendo.

En primer lugar, Pablo estaba diciendo que Dios quiere orden y decencia en la iglesia. En segundo lugar, no era adecuado culturalmente que una mujer hablara en público. Y en tercer lugar, Pablo sabía que cuando la esposa llegara a casa, ella podía preguntar a su marido acerca de las preguntas que tenía de lo que se había enseñado en la iglesia. La implicación es que el marido debería saber la respuesta. De hecho, el marido debería saber por anticipado las preguntas que su mujer podría tener, y enseñarle la Palabra de Dios o la ley judía, antes de que ellos fueran a la sinagoga.

Si, una mujer tiene dones ministeriales, y debería ejercitarlos. El problema con las mujeres hablando en la iglesia, era un problema de los varones. Cuando los padres y los esposos cumplían su responsabilidad como cabezas del hogar, las mujeres no tenían que preguntarles nada en medio de los servicios. Ellas recibían sus respuestas de la cabeza de la familia, que a su vez, transmitía la voz de Dios para toda la familia.

El Padre como Líder

Tal y como lo mencioné anteriormente, el hecho de ser la cabeza de la familia no le imparte más valor o mayor dignidad al hombre. Ser la cabeza tiene que ver con las responsabilidades. Muchos hombres confunden el hecho de ser la cabeza, con el hecho de ser jefes. Un padre no es el jefe de la casa; un padre es la cabeza de la casa. Un padre no domina su casa; él guía su hogar. Debemos entender la función del padre como el líder en el hogar.

Déjame compartir contigo algunas de las características del liderazgo, que el padre tiene en el hogar:

- Como líder, el padre tiene una pasión y un deseo de sacar lo mejor de cada persona que está bajo su cuidado: su esposa, sus hijos, y otros miembros de la familia.

- Un verdadero líder no suprime, no oprime, ni deprime el potencial y los talentos de otros; él los cultiva y los desarrolla.

- Un verdadero líder provee un medio ambiente adecuado para el crecimiento y desarrollo. Él no trata de inhibir a los miembros de la familia, ni trata de crear una atmósfera de miedo o temor. La verdadera pasión de un líder es llevar al máximo el potencial de otros, para que ellos puedan darse cuenta de todo el potencial que tienen, y de todas las habilidades que poseen: su objetivo es eventualmente poder salir de su trabajo.

En un sentido verdadero, un padre que es un líder genuino, hace exactamente lo que Dios dice desde el principio—él cultiva todo. Cultivar significa crear un medio ambiente de orden, que saca a luz lo mejor de todas las cosas, para cultivarlas. Como líder, el padre desarrolla, expande, promueve, motiva, inspira, anima, y exhorta. Todas esas funciones cultivan el suelo en el cual las otras personas crecen.

"Yo soy la vid verdadera, y mi Padre es el viñador. Todo sarmiento que en mí no da fruto, lo quita; y todo el que da fruto, lo poda para que dé más fruto" (Juan 15:1–2). Jesús enseñó que el Labrador (El Padre Celestial) cultiva las ramas (creyentes o la iglesia) de la Vid (Jesús), para que puedan llevar fruto espiritual. De la misma manera, el padre terrenal debe cultivar a su familia.

Jesús es la Cabeza de la iglesia, que es Su novia. Él la ama, y Se da a Sí Mismo continuamente por ella. De la misma forma, un padre, como cabeza de su familia, la ama, y se da a sí mismo diariamente por su esposa y por sus hijos.

Sino que hablando la verdad en amor, crezcamos en todos los aspectos en aquel que es la cabeza, es decir, Cristo.
(Efesios 4:15)

Porque el marido es cabeza de la mujer, así como Cristo es cabeza de la iglesia, siendo El mismo el Salvador del cuerpo.
(Efesios 5:23)

Ahora, vamos a poner nuestra atención en la función del padre con relación al cuidado de su familia. Como cabeza y como líder de la familia, el padre también cuida profundamente de su familia, en cada área de sus vidas.

PRINCIPIOS DEL CAPÍTULO

1. Los líderes y cabezas son más que nada, siervos, igual y como lo es Jesucristo. Es imposible asumir una posición de liderazgo sin haber servido primero.

2. Los padres deben tener la mente de Cristo (favor de ver 1ª Corintios 2:16), lo cual incluye el conocimiento y la sabiduría para guiar a la familia en los caminos de Dios.

3. Como el visionario, el padre anticipa las cosas antes que éstas sucedan, y prepara y equipa a la familia, para que pueda encarar el futuro. Los padres tienen percepción, concepción y comienzo.

4. Los padres disciernen y confrontan las necesidades diarias de su familia.

5. El hecho de escuchar es un don o un regalo que los padres le otorgan a su familia. Cuando los hombres escuchan, el mero hecho de escuchar, le dice a su familia que ellos sí tienen cuidado de su esposa e hijos.

6. Un verdadero padre habla la Palabra de Dios en el hogar. A través de la voz del padre, la familia es capaz de oír la voz de Dios.

7. Un padre no domina ni controla su casa. Él desarrolla el potencial de cada uno en su hogar, a través de su liderazgo.

Capítulo 9

EL PADRE COMO AQUEL QUE CUIDA

E n muchas maneras, las funciones del padre, con relación a cuidar y desarrollar, van de la mano. Su función como el encargado de cuidar, tiene sus raíces en el libro de Génesis 2:15. *"Entonces el Señor Dios tomó al hombre y lo puso en el huerto del Edén, para que lo cultivara y lo cuidara"*. Una vez más, la palabra "cultivar" significa "cuidar de". Cuidar es poner estrecha atención y suplir las necesidades que tienen las gentes que nos rodean. De hecho, cuidar, va más allá de nuestros pensamientos normales de servir, animar, y ministrar a alguien.

Anticipando y Supliendo las Necesidades

Otra vez, la palabra *cuidar* significa anticipar y suplir una necesidad. En otras palabras, cuidar significa que ya has calculado la siguiente necesidad de una persona, antes de que él o ella esté consciente de ella. Tú haces provisiones antes de que él o ella sienta esa necesidad. Yo creo que eso es el tipo de cuidado que está descrito en el Salmo 8:4, y que dice, *"¿Qué es el hombre para que de él te acuerdes, y el hijo del hombre para que lo cuides?"* Estar consciente de otra persona significa tener la mente llena de pensamientos acerca de la otra persona. Dios el Padre ha llenado Sus pensamientos con nosotros. Él anticipa y piensa en lo que vamos a necesitar, aun antes de que venga la necesidad.

Jesús nos enseñó que nuestro Padre Celestial cuida de nosotros muy profundamente:

Por tanto, no os preocupéis, diciendo: "¿Qué comeremos?" o "¿qué beberemos?" o "¿con qué nos vestiremos?" Porque los gentiles buscan ansiosamente todas estas cosas; que vuestro Padre celestial sabe que necesitáis todas estas cosas. Pero buscad primero su reino y su justicia, y todas estas cosas os serán añadidas. (Mateo 6:31-33)

El Padre Celestial conoce nuestras necesidades y tiene cuidado de nosotros.

> **Un padre que cuida como lo hace el Padre Celestial, siempre piensa acerca de su esposa y de sus hijos, antes de pensar en su trabajo.**

Un padre, igual que Dios el Padre, cuida por medio de dedicar tiempo y energía, anticipando lo que su esposa y sus hijos van a necesitar. Este es el cuadro más hermoso en el mundo de un padre. No importa lo que está haciendo, él está pensando constantemente acerca de lo que su hija o su hijo van a necesitar el día siguiente, o la semana siguiente, o acerca de lo que su esposa va a necesitar el próximo año. Él está pensando constantemente acerca de cómo cuidar a su familia.

Las culturas que están motivadas por el trabajo, tratan de forzar a los hombres para que continuamente estén pensando acerca de lo que la compañía o corporación necesita, y que no tengan tiempo alguno para pensar en las necesidades de nadie más. Los hombres ya no trabajan para vivir, sino que solo viven para trabajar. Aún cuando están en casa, la mente del hombre muy frecuentemente está desviándose y pensando en el trabajo, y en la forma de resolver esos problemas o los nuevos proyectos del trabajo. O también, el padre llega tan cansado de trabajar, que lo único que hace es sentarse en frente del televisor. Mientras tanto, su familia está siendo descuidada, porque él está muy cansado o muy ocupado, para poder pensar en sus necesidades.

Los padres tienen que poner las prioridades correctas en orden. Un padre que cuida igual que el Padre Celestial, piensa en su esposa y en sus hijos, antes de ponerse a pensar en su trabajo.

Un padre debería ver su trabajo como un regalo de Dios, que le permite cuidar de su esposa y de sus hijos. En otras palabras, el cuidado que Dios tiene por nosotros, ha provisto un trabajo para el hombre, y que de esta manera, él pueda proveer las necesidades físicas de su familia. El trabajo es el medio para lograr un objetivo, pero nunca es el objetivo en sí mismo.

Los hombres que se enredan completamente con sus carreras profesionales, y andan corriendo en busca del mundo corporativo, tienen sus prioridades fuera de lugar. Ellos han tomado el trabajo, que es un regalo de Dios, que Él diseñó para que los hombres sostuvieran a su familia, y han hecho de él un ídolo en su vida. Terminan teniendo más cuidado del regalo, que de la familia para la cual fue diseñado por Dios. Tal idolatría terminará por arruinar al hombre y a su familia.

Los Pastores como Padres

Un modelo de padre al que nuestras iglesias muy frecuentemente voltean a ver es el pastor. Quiero tocar una preocupación que tengo con relación a los pastores que están modelando como ejemplos de la paternidad para sus feligreses. En nuestra sociedad, los pastores tienen un porcentaje muy alto de divorcios. Muchos podrían estar clasificados adecuadamente como "adictos al trabajo". Muy frecuentemente, las esposas de los pastores se sienten abandonadas, mientras que intentan que el corazón de su marido regrese al hogar. Parece que el pastor se interesa por todas las gentes, antes que su familia. Para defender su adición al trabajo, algún pastor le puede decir a su esposa, "tú sabes que estoy haciendo esto por la iglesia. Este es mi llamamiento. Estoy haciendo esto por el Señor". Incapaz de competir con Dios, los miembros de la familia tratan desesperadamente de suplir sus necesidades de forma inadecuada, y muchos, incluso, terminan por echarle la culpa a Dios, porque su padre se preocupa más por la iglesia, que por su familia. La iglesia se convierte en "la amante" del pastor, a medida que él abandona a su esposa y a sus hijos, sufriendo por su ausencia.

Las personas congregantes también necesitan tener precaución en esto, porque muchas veces, ellos son la causa principal de los problemas del pastor. Ellos esperan que el pastor sea Cristo Jesús en persona, y no solo el pastor que realmente es. El hombre de Dios nunca va a poder tomar el lugar de Cristo, cuidando por Su novia. Muy frecuentemente, los miembros de una iglesia van al pastor para que supla sus necesidades, en lugar de acudir al Señor Jesucristo. Como resultado de esto, la presión que existe sobre el pastor para consejería, llamadas, y visitas se convierte en algo fuera de la realidad. Solo Cristo Jesús es Omnipresente, Omnisciente, y Omnipotente—no el pastor.

> Cuando los miembros de la iglesia esperan que el pastor tome el lugar de Cristo Jesús, sus expectativas en estos tiempos se convierten en algo irreal.

La respuesta a este dilema es muy simple y muy clara. Se encuentra en el libro de Efesios capítulo 5, donde los principios concernientes a Cristo y a Su iglesia son establecidos por Pablo. Aquí está una declaración de Pablo que encierra todo este concepto: *"Maridos, amad a vuestras mujeres, así como Cristo amó a la iglesia y se dio a sí mismo por ella"* (Efesios 5:25). Pastores, y también los congregantes varones deben amar a su esposa como Cristo amó a Su iglesia.

Tal y como lo dije anterior mente, algunos pastores están cometiendo "adulterio" con sus iglesias. Como pastor, yo no estoy casado con mi iglesia; estoy casado con mi esposa. La "mujer" que yo superviso—es una congregación de creyentes—y no es mi esposa—ella es la esposa de Cristo Jesús. A final de cuentas, ¿Quién suple las necesidades emocionales de la iglesia? No soy yo. ¿Quién suple las necesidades físicas de la iglesia? No soy yo. ¿Quién suple las necesidades temporales de la iglesia? No soy yo. ¿Quién suple las necesidades espirituales de la iglesia? No soy yo. Cristo Jesús suple todas las necesidades de Su esposa, que es la iglesia. Algunos pastores están destruyendo a su esposa y a sus hijos, porque están dedicando todo su tiempo, toda su energía, tratando de hacer algo que solo Jesucristo puede hacer.

En cuanto concierne a la iglesia, los pastores deberían ser los primeros ejemplos de padres, cuidando de su familia. De nuevo, una de las razones, por las que tenemos tantos hogares destrozados entre los pastores, es que los cuidan más su trabajo, que su familias. Vemos hijos de pastores que están caprichosos, desorientados, confusos, y caídos, porque el pastor no pudo ser un padre para ellos. Él no cuidó a su familia. Maridos, amen a su esposa como Cristo ama la iglesia, y cuiden a sus hijos como el Padre Celestial cuida de ti.

> Dentro de la iglesia, los pastores deberían ser el primer ejemplo como padres que cuidan de sus hijos.

El cuidado de un padre, por lo tanto, es una de sus mayores funciones. Él se sienta y calcula las necesidades venideras de su familia, y entonces, planea y trabaja para suplir esas necesidades. Él no permite que su trabajo le robe su relación con su familia. Él pone atención a los intereses, deseos, y temores que su esposa y sus hijos tienen, y muestra preocupación por cada uno de ellos.

En el próximo capítulo, vamos a explorar la función final de la paternidad: el varón es quien desarrolla a toda su familia.

PRINCIPIOS DEL CAPÍTULO

1. Un padre, igual que Dios, cuida de su familia, a través de dedicar tiempo y energía, anticipando lo que su esposa y sus hijos van a necesitar.

2. El trabajo de un hombre es un regalo de Dios, que tiene la función de ayudar a que ese hombre cuide de su familia. Cuando un padre le da más importancia a su trabajo, por encima de su familia, él está haciendo un ídolo de su trabajo, y va a traer ruina sobre sí mismo y sobre su familia.

3. Los padres deben tener las prioridades correctas. Un padre que cuida igual que el Padre Celestial, piensa en su esposa y en sus hijos, antes que su trabajo.

4. Los pastores deberían ser el primer ejemplo como padres que cuidan de su familia.

5. Tanto los pastores como los congregantes varones deben amar a su esposa como Cristo amó a la iglesia.

Capítulo 10

El Padre como Promotor

E l padre está llamado a desarrollar a su familia. Desarrollar significa "causar crecimiento en forma gradual y continua, mejorando, engrandeciendo y completando". Dios el Padre desarrolla Su pueblo. Considera lo que Pablo dijo acerca del Padre Celestial:

> *Yo planté, Apolos regó, pero Dios ha dado el crecimiento. Así que ni el que planta ni el que riega es algo, sino Dios que da el crecimiento. Ahora bien, el que planta y el que riega son una misma cosa, pero cada uno recibirá su propia recompensa conforme a su propia labor. Porque nosotros somos colaboradores de Dios, y vosotros sois labranza de Dios, edificio de Dios.*
> (1ª Corintios 3:6–9)

Para poder entender al padre como promotor, debemos regresar de nuevo al Jardín del Edén, para recordar las instrucciones que Dios le dio a Adán de *"cuidarlo" y "cultivarlo"* (Génesis 2:15). Al cuidar y cultivar el jardín, Adán tenía que planear ordenadamente el cultivo y el crecimiento, tanto de la vida vegetal, como de la vida animal. El desarrollo y el orden para el cultivo y el cuidado comenzó cuando Adán tuvo que nombrar a todos los animales. (Favor de ver Génesis 2:19–20).

Las Características del Desarrollo

El desarrollo tiene las siguientes características:

Planeación

El plan de Dios está inherente en Su propósito. Antes de que un ingeniero comience a construir un conjunto habitacional o un centro comercial, él tiene un proyecto o plan para la construcción. Él presenta el plan a las autoridades pertinentes, para poder obtener los permisos que sean necesarios para construir. El plan incluye todo aquello que es necesario, especificando lo que se va a construir y la forma como todo esto va a ser usado. La estructura y el uso son esenciales para el plan. Por ejemplo, el Padre Celestial como Promotor planeó el jardín, y planeó todo aquello que iba a formar parte de él. Dios estructuró corrientes de aguas que iban a subir de la tierra, a fin de regar el jardín. Él proveyó comida para Adán y para Eva, y tenía un plan específico concerniente a lo que ellos podían y no podían comer, y dio instrucciones especificas de uso para Adán.

> Y dijo Dios: He aquí, yo os he dado toda planta que da semilla que hay en la superficie de toda la tierra, y todo árbol que tiene fruto que da semilla; esto os servirá de alimento. Y ordenó el Señor Dios al hombre, diciendo: De todo árbol del huerto podrás comer, pero del árbol del conocimiento del bien y del mal no comerás, porque el día que de él comas, ciertamente morirás. (Génesis 1:29; 2:16–17)

Preparando y Plantando

Una vez que existe un plan, el promotor comienza los trabajos de excavación que son necesarios para el edificio. Llegan las maquinas excavadoras y se provee lo necesario para el drenaje. Se prepara la tierra para que pueda aceptar el edificio—primero el fundamento, y luego la estructura. De la misma manera, un agricultor prepara la tierra, y siembra la semilla, planeando para la cosecha. "Y plantó el Señor Dios un huerto hacia el oriente, en Edén; y puso allí al hombre que había formado" (Génesis 2:8).

Protegiendo

Todo promotor protege el sitio de su construcción. Tal vez construya una barda muy alta con alambres de púas, para mantener lejos a los intrusos. Tal vez contrate guardias de seguridad. El granjero o agricultor que desarrolla una cosecha, usa cualquier medio necesario de seguridad para proteger su cosecha en contra de insectos, enfermedades, y ladrones. Él cuida la cosecha por medio de quitar las hierbas silvestres, y proveyendo la irrigación que se necesita. Dios el Promotor protegió al hombre por medio de advertirle que no comiera del Árbol del Conocimiento del Bien y del Mal, y dándole instrucciones de lo que debería hacer en el jardín. Igualmente, Dios caminó con Adán y con Eva en la frescura de cada día. (Favor de ver Génesis 3:8). Mantener su comunión con Dios, era la protección que ellos tenían.

Produciendo

Una vez que el edificio ha sido terminado, el promotor usa su centro comercial, o sus casas, o edificio, para producir ganancias. El granjero que levanta una cosecha no la deja ahí abandonada en el campo. Él la recoge porque ha producido fruto o verduras que puede vender y usar. De la misma forma, el Padre Promotor Celestial nos desarrolla para que seamos productivos en Su plan y en Su propósito. Jesús tocó este punto del desarrollo en forma muy específica: *"En esto es glorificado mi Padre, en que deis mucho fruto, y así probéis que sois mis discípulos"* (Juan 15:8).

Igual que el Padre Celestial, un padre terrenal desarrolla a su esposa y a sus hijos. Él planea su crecimiento en cada aspecto de la vida—física, intelectual, emocional y espiritualmente.

Un padre camina cada paso del camino junto con su familia, a medida que los prepara y equipa en los caminos de Dios. Él planta la semilla de la Palabra de Dios en el corazón de cada uno de ellos. Él los protege con oración, y estando presente en sus vidas, proveyéndoles. Como un padre que sigue el propósito de

Dios, camina junto con su familia, y es un ejemplo de santidad para ellos. Él espera que ellos van a dar el mejor fruto, que va a glorificar al Padre Celestial. Él desarrolla a su descendencia para que brille con la gloria de Dios. Un padre espera que su familia sea la luz del mundo, la sal de la tierra, y testigos de Cristo Jesús para todo el mundo.

> **Un padre motiva el crecimiento constante, progresivo y estable en su familia.**

La luz produce luz. La luz de Cristo Jesús en la vida de un padre hace que su familia se dedique completamente a Cristo Jesús. La oración de todo padre devoto es que sus hijos se conviertan en llamas de fuego, ardiendo con el Espíritu Santo del Padre Celestial, y brillando como las estrellas en el firmamento. *"Los entendidos brillarán como el resplandor del firmamento, y los que guiaron a muchos a la justicia, como las estrellas, por siempre jamás"* (Daniel 12:3).

El Medio Ambiente Adecuado para el Desarrollo

A medida que el padre desarrolla su descendencia, él los discipula por medio de proveerles un ejemplo del Padre Celestial. El motiva un crecimiento constante, progresivo y estable en su familia. Por ejemplo, él no va a tener las respuestas todo el tiempo, pero les va a enseñar a sus hijos donde encontrar las respuestas. Un padre como el Padre Celestial motiva y dirige al descubrimiento, y al aprendizaje como parte del proceso de desarrollo.

El desarrollo crea un medio ambiente que es apropiado para que otros tengan experiencias de aprendizaje, bajo la guía de la sabiduría del padre, la cual, a su vez, viene de Dios. Ahora bien, ¿cómo es un medio ambiente que motiva el desarrollo y el crecimiento? Déjame compartirte algunas características del medio ambiente creado por un padre que desarrolla a sus descendientes.

Motivación

El padre edifica a sus descendientes. *"Por tanto, alentaos los unos a los otros, y edificaos el uno al otro, tal como lo estáis haciendo"* (1ª tesalonicenses 5:11). Los padres nunca deben destrozar la auto estima de un miembro de su familia. Pablo escribió que Dios le dio el poder para edificar, y no para destruir. (Favor de ver 2ª Corintios 13:10). Así es el poder que Dios les da a los padres—para edificar a su familia, y no para humillarlos.

Retroalimentación Positiva

En lugar de la crítica, un padre que es como el Padre Celestial da corrección constructiva. Él desarrolla a su esposa y a sus hijos, por medio de fortalecer sus cualidades, enfocándose en lo que ellos hacen bien, en lugar de enfocarse en condenar sus debilidades. De hecho, el padre carga con las debilidades de la familia. (Favor de ver Romanos 15:1). Él cubre—no expone—sus debilidades, y él los protege de ataques, por medio de la oración, y de las instrucciones que les imparte.

Oportunidad para Intentar y Fallar

Los padres entienden que unas de las mayores experiencias de aprendizaje en la vida, vienen de los fracasos. Los hijos pueden aprender de sus fracasos, si el padre usa esos fracasos para enseñar y corregir, en lugar de juzgar y castigar. Un padre desarrolla una atmósfera de aceptación para su familia. Él no va a rechazarlos porque trataron y fallaron. Él acepta a su familia "en las buenas y en las malas", tal y como Cristo Jesús lo ha aceptado a él. *"Por tanto, aceptaos los unos a los otros, como también Cristo nos aceptó para gloria de Dios"* (Romanos 15:7).

No Hace Comparaciones

Un padre entiende que el único estándar y medida para la vida es Cristo Jesús. Él nunca compara a su esposa o a sus hijos con otros, pensando que al compararlos, él va a forzar que sean mejores. Un padre nunca le dice a su hijo o a su hija, "¿Por qué no puedes ser como fulano o fulana de tal? Ellos son tan buenos muchachos, y nunca le causan problemas a sus padres. Ellos tienen las mejores calificaciones. ¿Por qué ustedes o tú no puedes hacer lo mismo?" Él nunca le dice a su esposa, "¿Por qué no puedes vestirte como fulana de tal? Ella cocina tan bien y ayuda tanto a su marido. ¿Por qué no puedes ser como ella?" Comentarios de este tipo, viniendo de un padre, realmente vienen del padre de toda mentira. El diablo desea que comparemos a nuestras familias y a nosotros mismos con otros, para que él pueda dividir las familias y crear tofo tipo de conflictos. Sin embargo, cuando nos comparamos con Cristo Jesús, podemos darnos cuenta que todos estamos muy lejos de Su gloria, y podemos ver que todos necesitamos de Su gracia. Incluso, cuando Él nos da de Su gracia, nosotros debemos impartir esa gracia a otros. Pablo nos advirtió acerca de las comparaciones falsas. (Favor de ver 2ª Corintios 10:12). Cada miembro de la familia es un hijo o hija único delante de los ojos de Dios. Padres, igual que el Padre Celestial, ustedes no deben de mostrar favoritismos. (Favor de ver Hechos 10:34). Los padres desarrollan una atmósfera de amor mutuo, respeto, honor y cariño en la familia.

Siempre Llegando a Ser Algo

Un padre que camina de acuerdo al propósito de Dios, siempre está desarrollando a los miembros de su familia, para que crezcan en el potencial ilimitado de Dios, y que sean los mejores en el poder de Dios, aceptando a los demás, a medida que crecen en Cristo Jesús. Él estira a su esposa y a sus hijos para que puedan lograr lo máximo y lo más alto para el Dios Altísimo. Continuamente, él prueba el carácter y las habilidades de sus hijos. Cuando los ayuda a hacer sus tareas de la escuela, por ejemplo, él no les va a dar las respuestas, pero les va a ayudar a aprender como resolver los problemas. Cuando ellos están confrontando decisiones muy difíciles, él a veces no les va a decir lo que ellos deben hacer. Él les va a enseñar la diferencia entre lo bueno y lo malo, y como poder hacer decisiones que están de acuerdo a la voluntad y propósito de Dios, para que siempre se basen en la naturaleza y en el carácter de Dios.

El objetivo del desarrollo es el crecimiento permanente. El padre cultiva su relación con su esposa y con sus hijos, para que puedan crecer más allá de su propia capacidad, y al propósito que Dios les preparó como creyentes. El poderoso mensaje de 2ª Corintios 5:17 es que las nuevas criaturas en Cristo Jesús continuamente están dejando que todas las cosas viejas—el pecado, los malos hábitos, ignorancia, y potestades—se vayan, mientras que todas las áreas de la vida se están renovando. Los padres deben entender que los hijos ¡siempre

> Un padre motiva a los miembros de su familia, para que crezcan en el potencial ilimitado de Dios.

están llegando a un siguiente nivel! Estamos creciendo y desarrollándonos a la imagen de Cristo Jesús. Estamos siendo transformados *"de gloria en gloria"* (2ª Corintios 3:18). Los padres deben poner una placa en los miembros de su familia, incluyéndose ellos mismos, que diga, "Por favor ten paciencia conmigo. ¡Dios no terminado Su obra en mi todavía!

Los padres desarrollan padres. Un hombre aprende como ser padre de otro padre. Un padre crece en la paternidad, por medio de aprender del Padre Celestial. El objetivo de la paternidad es desarrollar hombres que puedan ser padres, y mujeres que puedan ser madres, bajo la cobertura de un marido devoto. Así que, cuando tu hijo comienza a tomar decisiones tan buenas o mejores que las tuyas, puedes afirmar y decirle que ya es todo un padre, mientras que lo sigues motivando en tu papel de padre.

Jesús prometió que cuando estamos en el Padre, y el Padre está en nosotros, de la misma forma como el Padre está en Él, entonces podemos hacer mayores obras que las que Él hizo. (Favor de ver Juan 14:12). La aplicación para la paternidad es que un padre exitoso va a producir un hijo que va a ser más grande que él mismo.

Principios del Capítulo

1. Como promotores, los padres planean , preparan, plantan, protegen, y producen aquello que Dios ha puesto bajo su cuidado.

2. El padre que vive conforme al propósito de Dios y desarrolla a su familia, tiene un plan para el crecimiento ordenado de ellos: en forma física, intelectual, emocional, y espiritual.

3. Un padre devoto es un ejemplo de santidad para su familia, y los desarrolla para que sean la luz del mundo, la sal de la tierra, y testigos de Jesucristo.

4. El desarrollo crea un medio ambiente que les permite a los demás tener experiencias de aprendizaje, bajo la guía de la sabiduría de un padre.

5. El objetivo del desarrollo es un crecimiento permanente. Un padre devoto provee motivación, retroalimentación positiva, y una oportunidad para intentar y fallar, siendo que él no hace comparaciones.

6. Un marido y esposo desarrolla a su esposa y a sus hijos hasta el punto en que puedan lograr lo máximo y lo más alto para el Dios Altísimo. El marido cultiva su relación con los miembros de su familia, para que ellos puedan crecer más allá de ellos mismos, y que lleguen a ser el tipo de creyentes como Dios los diseñó.

7. Los padres desarrollan padres. Un hombre aprende como ser padre de otro padre. Un padre crece en la paternidad, por medio de reposar en Dios el Padre Celestial.

Parte III

Cumpliendo Tu Propósito como Padre

Capítulo 11

ENTENDIENDO EL PROPÓSITO Y LAS FUNCIONES

Hemos explorado las diez funciones de los padres y la forma como los varones son el fundamento y el ancla de su familia. En este capítulo, quiero explorar el tema de la paternidad desde un punto de vista general y cultural. Esto te va a permitir entender mucho mejor como poner en práctica todo lo que ya hemos discutido.

En mi libro *Entendiendo el Propósito y el Poder del Hombre,* yo explico porque es que tantos hombres están teniendo dificultad para determinar lo que significa ser un verdadero hombre (y por consiguiente, un verdadero padre) en nuestra sociedad moderna. Una de las cosas que yo trato, es el factor de su función. Por siglos, en muchas culturas, el varón ha determinado su hombría, basado en las funciones que ha jugado en la sociedad. Los varones han sido considerados hombres, principalmente basados en lo que hacen, más que en lo son. Las funciones en la sociedad estaban muy claras, y los hombres sabían lo que estaban supuestos a hacer en la vida. Por ejemplo, mientras que el marido pudiera proveer al hogar con una casa, comida, ropa, y seguridad para su esposa y sus hijos, él era considerado como todo un hombre. La función de la mujer era cocinar, limpiar, cuidar a los hijos, y proveer sexo para el hombre. Una vez que ella hacía esto, era considerada toda una mujer.

Estas funciones eran entendidas mutuamente, y era dependientes mutuamente, una de la otra. La esposa dependía del marido completamente, confiando que él iba a hacer sus funciones, y el marido dependía de la mujer de la misma manera. En muchos casos, las parejas no pensaban tanto en el amor, como en ayudarse el uno al otro para poder sobrevivir. Era una especie de sociedad; eran socios uno del otro. Esta es una de las razones porque la gente no se comenzó a divorciar, sino hasta que llegó la época contemporánea.

> **La única forma en que un hombre puede vivir su naturaleza paternal, es enfocándose en su propósito.**

Por varias décadas, sin embargo, hemos estado viviendo en un período de transición, y estas funciones no han estado tan claras como solían ser. Tal vez tu padre o tu abuelo solía decirte, "tienes que ser todo un hombre". Y tú preguntabas, "¿qué significa ser todo un hombre?" Y él te daba la definición que ya referimos anteriormente: proveer una casa, comida, ropa y seguridad. Cuando comenzaste a vivir por tu propia cuenta, y llegaste a conocer a una hermosa dama, descubriste que había un problema con este plan: ella ya tenía un automóvil, era dueña de su casa, compraba su propia comida, llevaba consigo un rociador de gas de pimienta para su protección, no necesitaba tu dinero, y tal vez, ni siquiera le importaba si tu tenías dinero, y tal vez, ya hasta tenía hijos.

La situación se complicó mucho más cuando ella te dijo, "estoy buscando un verdadero hombre". Tú dijiste, "esta bien, me voy a casar contigo, y te voy a comprar una casa, y te voy a dar comida, ropa, y seguridad". Ella contestó, "ya tengo todo eso, pero quiero que tú seas un verdadero hombre".

Muchas mujeres ya no dependen de los hombres en la manera en que acostumbraban hacerlo, y esto, ha creado una crisis para los hombres. Hombres y mujeres, aún en la iglesia están experimentando mucha tensión nerviosa y estrés, porque muy frecuentemente parecen ir in direcciones totalmente diferentes. Los hombres ya no saben lo que significa ser un esposo, o que tipo de identidad como hombres es la que deben tener. La antigua formula ya no está funcionando. Un buen número de mujeres ganan más dinero que lo que los hombres hacen, y muchos hombres están viviendo sostenidos por el sueldo de su esposa. Tal vez tu abuelo te dijo, "si ella no se porta bien, métela en cintura, y ponla en el piso". Pero tú le tienes que decir, "¡Pero es su piso, ella es la dueña!" Él decía, "¡enséñale quien lleva los pantalones en la casa!" Tú vas a tener que decir, "¡Ella también usa pantalones!" Los hombres y las mujeres no están *complementándose* el uno al otro; ellos están *compitiendo* uno con otro en el hogar.

Debes Conocer Tu Propósito

Para poder atravesar esta crisis de cambios sociales, y poder convertirse en mejores padres, debemos volver a conectarnos con el concepto que Dios tiene de la hombría, el cual se encuentra en el libro de Génesis, y que trasciende más allá de las culturas y los tiempos, debido a que es parte del plan de Dios para Su creación. La única forma en que un hombre puede descubrir y vivir en su naturaleza inherente de paternidad, es mantenerse enfocado en un propósito, en lugar de enfocarse en las funciones que tienen que ver con cierta cultura o tiempo en la historia. El propósito es la clave para la hombría y para la paternidad.

De nuevo, en Génesis 2:15, dice, *"Entonces el Señor Dios tomó al hombre y lo puso en el huerto del Edén, para que lo cultivara y lo cuidara".* Dios *puso* a Adán en el jardín del Edén. No le permitió al hombre que anduviera vagando hasta que pudiera encontrar el jardín. Tampoco dejó el jardín como una opción más para Adán, lo que significa que el jardín es un requisito que el hombre tiene que cumplir. Dios hizo al hombre y le dijo, "Aquí es donde tú perteneces".

Después de colocar al hombre en el Edén, Dios le ordenó que tenía que trabajar: él tenía que cultivar el jardín. Debes recordar que al hombre le fue dado el trabajo antes de que la mujer fuera creada. Debes notar también que el trabajo vino antes de que el hombre cayera en desobediencia. Para poner las cosas en orden, ¡déjame decirte que el trabajo jamás ha sido parte de la maldición que recibió el hombre! Tal y como lo indique anteriormente, podemos hacer que sea una maldición para nosotros mismos y para nuestra familia, si es que hacemos del trabajo un ídolo, y nos convertimos en adictos al trabajo. Pero el trabajo en sí es un regalo de Dios. El hombre fue instruido para que *"guardara"* o cuidara el jardín. En el idioma original hebreo, esta palabra denota guardar, vigilar, preservar, y protegerlo.[7]

Los Principios Vitales del Varón

Génesis 2:15 revela los cinco principios vitales de un varón, lo cual necesita saber toda mujer. Pero los hombres necesitan saber estos propósitos primero, para poder traer restauración a su propia vida y a la vida de su familia. Tal y como hemos visto, a la mayoría de los hombres jamás les enseñan estos principios, y esta es la razón de que están teniendo problemas. Estos cinco principios del varón involucran acciones, pero no están basados en lo que el hombre haga; al contrario, son frutos y resultado natural de lo que el hombre es en sí mismo. Vamos a usarlos como un breve resumen de los propósitos de la paternidad que hemos explorado a través de este libro, y como un recordatorio del propósito, prioridad, y función del varón en la tierra, a medida que él refleja la naturaleza de Dios el Padre.

Morar en la Presencia de Dios

La primera cosa que Dios le dio al hombre fue el jardín del Edén. La palabra *Edén* en hebreo está escrita con cinco símbolos,

---

[7] Favor de ver *Strong's Exhaustive Concordance*, #H8104 y el *New American Standard Exhaustive Concordance of the Bible* (NASC), The Lockman Foundation, #H8104. Usados con permiso.

y cada símbolo representa una letra o un carácter. Mi estudio de los cinco símbolos indicó *sitio, momento, presencia, puerta abierta, y lugar deleitoso.* Ésta es mi interpretación de la palabra. Dios tomó al hombre y lo puso en un sitio, por un momento, donde la presencia de Dios era una puerta abierta al cielo. En esencia, el Edén no era un lugar, sino una atmósfera.

La Escritura dice que el Señor *"plantó"* (Génesis 2:8) o estableció el jardín. Él estableció un lugar o un sitio en la tierra donde Su presencia pudiera venir y descender del cielo y tocar, y por lo tanto, era una puerta abierta del cielo, dando libre acceso al mismo. Adán no tenia que hace nada "religioso" para poder entrar a la presencia de Dios. Adán tenía acceso directo y abierto hacia Dios. Él caminaba y hablaba directamente con Dios en la frescura del día.

¿Por qué le dio Dios el Edén al varón, antes de que le diera su mujer? Porque Dios sabía lo que iba a hacer con este hombre. Debes recordar que en el cuerpo de Adán se encontraba la semilla inicial para toda la humanidad, y él iba a hacer que todo ser humano llegara a existir a través de él. Dios quería que el varón tuviera acceso a Dios Mismo, para que siempre pudiera saber la voluntad de Dios para todos aquellos que iban a salir de él. En otras palabras, estar en la presencia de Dios es esencial para poder tener acceso a las instrucciones que necesitas para guiar a tu familia en los caminos de Dios.

Por lo tanto, al poner al hombre en el Edén, la primera cosa que Dios le dio fue Su propia presencia. De la misma manera, la primera cosa que tú necesitas en tu vida—sin importar si eres un policía, un político, el director de una gran empresa, un mecánico, un especialista en computadoras, un doctor, un carpintero, o cualquier otra cosa—es la presencia de Dios. Tú necesitas la presencia de Dios antes de necesitar la presencia de una mujer. De hecho, Adán ya estaba en el jardín del Edén cuando Dios le trajo a Eva, y se la presentó. Eva conoció a Adán en el Edén. ¿Dónde estás yendo para conocer mujeres?

Para un varón, la presencia de Dios es como el agua para un pez, o como la tierra para una planta. Si tú sacas al pez del agua, o arrancas la planta de la tierra, va a fallar y va a morir. Si tú tomas al hombre y lo quitas de la presencia de Dios, va a fallar y va a morir. Esta es la razón por la cual satanás hace todo lo posible para mantener a los hombres como tú, alejados de la presencia de Dios, y esta presencia de Dios es atraída hacia el hombre por medio de la adoración. Tal y como lo vimos anteriormente, al diablo no le importa tanto si una mujer entra en la presencia de Dios, porque ellas no son el fundamento. Pero el diablo se asegura de que los hombres vayan a dejar a la mujer a la iglesia, y en lugar de entrar, que se vayan a jugar o a ver los deportes en la televisión, o a hacer cualquier otra actividad. Los programas deportivos son transmitidos por televisión durante todo el día, en día domingo, tentando a los hombres para que se queden en casa, en lugar de que vayan a entrar a la presencia de Dios. Cuando los hombres van a la iglesia, se sienten avergonzados de siquiera levantar sus manos a Dios, que los creó; el diablo no quiere jamás que te sientas a gusto adorando a Dios, porque cuando tú adoras a Dios, estás atrayendo Su presencia.

> El trabajo no es algo que tienes que hacer; es algo en lo cual te conviertes—para manifestar lo que Dios puso dentro de ti.

Cuando un hombre entra en la presencia de Dios, y cuando se enamora de la presencia de Dios, ese hombre está comenzando a funcionar. La Biblia dice que Dios habita en medio de las alabanzas de Su pueblo.(Favor de ver el Salmo 22:3). En Israel, los sacerdotes eran los que guiaban hacia la adoración—y todos los sacerdotes eran hombres. Pero en la actualidad, cuando traes un hombre a un servicio de adoración, él solo se sienta tan fresco como un pepino. Él siente que es humillante decir amén, es humillante aplaudir, es humillante levantar sus manos, y muy humillante el hecho de cantarle a Dios. El hombre se siente tan importante que no quiere desperdiciar su tiempo haciendo estas cosas en la iglesia. Él no se da cuenta que satanás lo ha enfriado totalmente, porque él no quiere que se meta en la presencia de Dios.

En el hogar, muchos hombres hacen que sus esposas sean quienes dirijan las devociones familiares. El diablo no quiere que tú comiences a dirigir esas devociones, porque la presencia de Dios va a descender sobre tu hogar si lo haces. Cuando mis hijos estaban creciendo, cada mañana yo solía decirles, "vamos a cantarle al Señor y a adorarlo".

¿Acaso crees que eres muy importante o muy hombre como para no adorar a Dios? ¿Quién escribió el libro de la Biblia que está lleno de alabanzas y adoración? Fue alguien que mató un león y un oso con sus propias manos. Él mató un gigante de cuatro metros de estatura con una roca. Cualquiera se puede sentar en las sillas de una iglesia cruzando sus brazos. Se requiere de un aniquilador de gigantes como David para escribir cosas como estas, *"¡Oh Señor, Señor nuestro, cuán glorioso es tu nombre en toda la tierra, que has desplegado tu gloria sobre los cielos!"* (Salmo 8:1), y *"Bendeciré al Señor en todo tiempo; continuamente estará su alabanza en mi boca. En el Señor se gloriará mi alma; lo oirán los humildes y se regocijarán"* (Salmo 34:1–2). Amo la adoración más que cualquier otra cosa. He dirigido la adoración en nuestra iglesia por muchos años. He escrito libros acerca de ello. La adoración es la cosa más importante en mi vida, porque protege el resto de mi vida. El Salmo 150:6 dice, *"Todo lo que respira, alabe a Jehová"*.

Cuando tú te avergüenzas de adorar en público, te conviertes en una vergüenza para la misión que Dios te asignó como hombre. El día domingo, tú debes ser el primero en llegar a la iglesia, sentarte en la primera fila, porque tú eres el líder de la alabanza, no tu esposa, o tus hermanas, o tus hijas. La primera cosa que te hace un hombre es tu capacidad para entrar al Edén.

Para Manifestar lo que Dios Puso Dentro de Ti

El segundo propósito de un Varón es el trabajo, que de hecho realmente significa manifestar lo que Dios puso dentro de ti. Yo busqué esta palabra y encontré que en un sentido, la palabra *trabajar* significa "llegar a ser". El trabajo no es algo que haces; es algo en lo que te conviertes. ¿Qué es lo que estás llegando a ser?

La razón de que mucha gente está pobre y luchando por apenas sobrevivir es que ellos han encontrado un empleo, pero nunca han podido encontrar su verdadero trabajo. Un trabajo no está diseñado para prosperarte. Está diseñado para pagar tus deudas mensuales o semanales. Un hombre es aquel que ha descubierto quien es y en lo que está supuesto a convertirse. Tú estás vivo porque existe algún trabajo que Dios quería manifestar en la tierra, y que Él colocó dentro de ti. Dios quiere que tú lo reveles. Tú no eres un error de la naturaleza. Cuando "vas a trabajar", de hecho tú vas a "convertirte en quien eres".

Cuando vas a tu trabajo todos los días, ¿acaso estás convirtiéndote en aquello que tú sueñas ser? Tal vez te encuentras en el lugar correcto, con el empleo que tienes actualmente, y gracias a Dios por ello. Pero hay mucha gente cuyos trabajos les están impidiendo llegar a ser o a convertirse en quienes deben ser. Les dicen lo que deben hacer, cuando deben hacerlo, por cuanto tiempo, y a que hora se deben ir a casa. No existe espacio para que ellos puedan realizarse, y su hombría está siendo sofocada por un trabajo que odian. Cada lunes por la mañana, se sienten tan deprimidos, mientras esperan en el tráfico, en su camino a sus trabajos, debido a que no son sus verdaderos trabajos.

El trabajo revela el potencial que Dios colocó dentro de ti. Supón que yo tengo una semilla de mango, la planto y le digo, "trabaja". Le estoy diciendo que quiero que se convierta en un árbol con mangos, que tienen sus propias semillas, y que pueden alimentar a las gentes. Le estoy diciendo, "yo sé que dentro de ti, tienes un potencial que debes revelar: un árbol de mango". El trabajo, para un árbol de mangos es convertirse en un árbol de mangos que provee nutrientes para la comunidad. Debes notar lo que sucede cuando el árbol de mango cumple con su propósito. Ningún árbol de mangos come sus propios mangos. Esos mangos no son para su propio beneficio, sino para el beneficio de la gente. Le traen salud a la gente que se los come.

Tú también, naciste con algo "atrapado" dentro de ti, y que está supuesto a beneficiar al mundo, y eso, es tu trabajo. Muchos hombres tienen miedo de hablar acerca de sus sueños e ideales, pero Dios te está diciendo, "¡Manifiéstate!" Quiero ver aquello que puse dentro de ti.

> El propósito es la razón de que naciste, y la visión es cuando comienzas a verte dentro de ese propósito.

Yo ya no tengo un trabajo, pero solía tener uno. Yo trabajé para el gobierno de las Bahamas por doce años. Enseñé en la escuela secundaria por cinco años. Trabajé en una tienda de comestibles antes de esto, empacando productos en los mostradores. Trabajé en una bodega cargando cajas. Trabajé en una firma publicitaria, haciendo anuncios, dibujos, y cosas por el estilo. Todas estas fueron experiencias de aprendizaje para el trabajo. Pero entonces, encontré mi verdadero trabajo de ayudar a los demás para que puedan entender como manifestar el potencial que Dios puso en ellos para que sean líderes. Yo no me levanto en las mañanas para "ir " a trabajar. Yo me levanto y me convierto en aquello para lo cual Dios me creó.

Jesús dijo, *"Así brille vuestra luz delante de los hombres, para que vean vuestras buenas acciones y glorifiquen a vuestro Padre que está en los cielos"* (Mateo 5:16). Cuando otras personas ven tu trabajo, y cuando ven lo que Dios puso en ti manifestándose, ellos van a glorificar a Dios. Tú naciste para hacer algo tan maravilloso, que solo Dios puede tomar crédito por ello. Algunas de las personas más asombrosas en el mundo están leyendo este libro, y el mundo no lo sabe todavía. Tu trabajo es tu propósito, y tu propósito es el diseño original de tu Creador. El propósito es la razón de que tú naciste; es la razón de que existes.

Mientras que el propósito es la razón por la cual naciste, la visión es cuando tú comienzas a verte dentro de ese propósito. Yo creo que la mayoría de los hombres ya han visto o ya han sentido su propósito, pero es tan grande, que les da miedo. Sus sueños les dan miedo. Esta es la razón de que ellos se conforman con trabajos que odian. Déjame decirte algo acerca de la visión y obra de Dios en tu vida: Si la misión que Dios tiene para ti *no te* da miedo, yo me pregunto si realmente es un propósito divino. Un propósito divino solo puede ser cumplido mediante Su guía y fortaleza.

¿Qué Es la Visión?

- La visión es el propósito en imágenes.
- La visión es la capacidad para poder ver más allá de tus ojos físicos. Un hombre nunca debería vivir solo por lo que ve.
- La visión es "el propósito ya terminado". Por eso es que tú puedes verlo.
- La visión es tu futuro, pero debido a que Dios ya lo planeó para ti, se encuentra en Su "pasado". Todo aquello para lo cual tú naciste, ya ha sido terminado y concluido en Él. *"Muchos son los planes en el corazón del hombre, mas el consejo del Señor permanecerá"* (Proverbios 19:21). El propósito de Dios para tu vida como el hombre que eres, ya ha sido establecido; Dios no se preocupa de tu futuro. Él quiere que tú dejes de preocuparte acerca de ello, y que comiences a hacer planes para llegar ahí.

¿Acaso ya has podido ver imágenes de tu sueño? Cuando apagas la computadora y la televisión, y todo está quieto en tu casa, ¿acaso comienzas a pensar en tu futuro? Tus sueños están muy cerca de ti, pero han sido ahogados por la música que escuchas, por tu teléfono, y por la plática de otras personas. En la Biblia, cada vez que Dios quería hablarle a un hombre acerca de su trabajo, Él siempre lo llevaba lejos de todas las demás gentes. Dios tomó a Abraham y lo llevó a una montaña, para que estuviera solo con Él. Dios tomó a Moisés y lo llevó al desierto. David escuchó la voz de Dios cuando estaba cuidando ovejas en medio de los campos. Tú no puedes oír el plan de Dios, si siempre te encuentras enredado con otras personas, o en medio de un grupo de amigos. Dios necesita aislarte para que puedas ver las imágenes de tu futuro otra vez.

El propósito produce visión, y la visión produce un plan. Donde existe un plan, produce disciplina para ti. Escribe tu propósito, y entonces, pon algunas fotografías o imágenes que simbolicen ese propósito y todo aquello que necesites para cumplirlo, y pégalo en la puerta de tu refrigerador. Yo recorto dibujos o fotos de mi sueño y los pongo donde puedo verlas todos los días. Y yo digo, "Eso es lo que voy a hacer". Puedo recordar el primer día que puse una fotografía de un avión en mi refrigerador. Yo necesitaba un avión debido a los numerosos compromisos que tengo como orador. Mi hijo me preguntó, "papá, ¿qué estás haciendo?" Yo dije, "estoy viendo mi futuro". También puedo recordar mi primer vuelo en ese avión junto con mi hijo. Él dijo, "¡papá, este avión vino del refrigerador! Yo le dije, "Sí hijo, ¡tú tenias que ser el primero en verlo!"

> El trabajo no es algo que tienes que hacer; es algo en lo cual te conviertes—para manifestar lo que Dios puso dentro de ti.

Deja de pensar en pequeño. Tus sueños no son una locura. Son tu trabajo. Quedarse en un trabajo que no es correcto para ti, es como un pez tratando de ser un caballo. Por esto es que tú estás sufriendo de alta presión arterial. Por esto es que hay tanta presión y estrés en tu vida. Estas haciendo cosas para las que nunca fuiste creado o destinado para hacer.

La mujer fue creada por Dios para ayudar al hombre, ¡pero el hombre tiene que estar haciendo algo! El propósito de Dios para crear a la mujer, fue que pudiera ayudar al varón con su propósito asignado por Dios. Así de importante es tu propósito. Si no sabes para que naciste, ni que es lo que debes hacer, no te cases todavía. Si ya estás casado, y no sabes tu propósito en la vida, tu esposa muy probablemente está viviendo con mucha frustración. Cuando un hombre encuentra su verdadero trabajo, la mujer encuentra su misión en esta vida. Yo creo que muchos matrimonios se están desbaratando porque las mujeres no están ayudando a sus maridos con la obra que Dios les dio. Tu esposa está esperando que encuentres tu propósito, porque su misión en la vida está ligada a ello. Ella fue diseñada para ayudarte. Ella tal vez tiene su propio trabajo, pero para que ella te pueda ayudar a cumplir el tuyo, tú debes conocer tu propósito.

Dios lo diseñó todo con la habilidad de poder cumplir su propósito. Él diseñó a la mujer para que ayude al varón, así que todo lo que Dios puso en la mujer está dirigido hacia ese propósito. Esta es la razón de por qué la mujer es una criatura que a veces da miedo. Ella es una maquina impetuosa e imponente para ayudar a los demás. Cuando ella se llega a presentar en tu vida, ella tiene todo lo que tú necesitas. Ella tiene visión, intuición, estamina, sabiduría, consejo, la habilidad para poder llevar cargas emocionales, y la capacidad para poder incubar ideas. Ella puede hablar acerca de tu visión, y proteger tus recursos. Ella trae una mente muy despierta, grados académicos, y una estabilidad psicológica. Algunos hombres llaman a esto "agresividad". ¿Sabes por qué le llaman de esta manera? Las mujeres se acercan a ellos con cualidades excelentes, y con recursos para poder ayudarles, pero los hombres no están haciendo nada, y por lo tanto, se sienten intimidados. Y entonces, esto es lo que pasa: debido a que los hombres no están haciendo nada en lo que ellas los puedan ayudar, las mujeres no quieren desperdiciar lo que tienen, y por lo tanto, lo usan en ellas mismas. Ellas comienzan sus propios negocios con los dones que podían haber usado para ayudar a su marido. Ahora, los maridos se ponen más celosos y mas enojados. Así que, es vital que los hombres entiendan su propósito en la vida.

¿Cómo puedes saber cuál es tu propósito? Yo quiero que tú hagas la promesa de descubrir e ir en busca de tu propósito. Pídele a Dios que te lo revele a medida que lo buscas. Él dice, *"Acordaos de las cosas anteriores ya pasadas, porque yo soy Dios, y no hay otro; yo soy Dios, y no hay ninguno como yo, que declaro el fin desde el principio y desde la antigüedad lo que no ha sido hecho. Yo digo: "Mi propósito será establecido, y todo lo que quiero realizaré"* (Isaías 46:9–10).

> **Tú debes estar anclado en el propósito que Dios te dio, a fin de que puedas darle a tu familia la dirección que necesita en tiempos difíciles.**

Tú no naciste solo para ganar tu diario sustento, sino que naciste para comenzar algo que ya ha sido terminado y completado en la mente de Dios. Esta es la razón de que tú sueñas. Propón dedicarte completamente al propósito de Dios para tu vida, y al Dios de ese propósito.

En el capítulo dos, hablamos acerca del varón como el ancla de la familia. Tú debes estar anclado en el propósito que Dios te dio, a fin de que puedas dar dirección a tu familia en tiempos difíciles. Aun cuando la tormenta está en todo su apogeo, las olas se estrellan sobre tu cabeza, y los vientos soplan rompiendo el mástil en tu vida, si tu ancla ya está bien asegurada en tu propósito, vas a llegar sano y salvo a tu destino. Para ser fuerte en tiempos difíciles, tú tienes que saber hacia donde te diriges.

Aquí hay algunos consejos prácticos que te van a ayudar a encontrar tu propósito en la vida, los cuales han sido extraídos de mi libro *Principios y Poder de la Visión*. Debes preguntarte a ti mismo:

- *¿Cuál es mi deseo más profundo?*

- *¿Cuál es mi sueño recurrente—que se repite y repite, y ese sueño nunca desaparece?*

- *¿Qué es aquello que yo deseo cambiar en el mundo?* Muchos hombres han tenido pensamientos de este tipo todos los días, pero ellos mismos los han ahogado. Hay algo en tu mente y en tu corazón que te está molestando, y te dices a ti mismo, "como desearía poder cambiar eso en el mundo". Cualquier cosa que eso sea, puede ser aquello para lo cual naciste.

- *¿Qué cosa me hace enojar?* Cada vez que tú ves aquello para lo cual naciste, y que estas supuesto a cambiar, eso te enoja. Si odias la corrupción que existe en el gobierno, tal vez has sido llamado a ser un servidor público o un reportero. Si odias ver a los jóvenes que andan vagando por las calles sin hacer nada, tal vez eso significa que fuiste llamado a trabajar con jóvenes y a ayudarles a resolver sus problemas. Si odias las enfermedades con toda tu pasión, tal vez naciste para ser un doctor. Debes pensar acerca de las cosas que te hacen enojar, y acerca de lo que tú puedes hacer para cambiarlas.

- *¿Cuál es mi más profunda pasión?* Tienes que encontrar qué es aquello que podrías hacer por el resto de tu vida, aún si nunca te pagaran por hacerlo. La cosa más asombrosa es que, cuando lo encuentras, de todas formas te van a pagar por hacerlo, porque vas a mostrar la energía, la entrega, el conocimiento, y las habilidades que van a hacer que las gentes se fijen en ti.

- *¿Cuál es esa cosa por la cual yo estaría dispuesto a morir?* Tal vez, tú nunca te has puesto a pensar acerca de esta pregunta. Por eso es que tu vida tiene tan poca profundidad y casi ningún significado. Yo podría morir por lo que hago. Yo nací para formar líderes en el Tercer Mundo, y para entrenar a los líderes del Tercer Mundo para que piensen como líderes. El lema de mi misión es "Transformando seguidores en líderes, y a los líderes en agentes de cambio". Esa declaración resume mi vida. Tú debes ser capaz de articular tu propósito en una sola oración. Jesús dijo, *"así como el Hijo del Hombre no vino para ser servido, sino para servir y para dar su vida en rescate por muchos"* (Mateo 20:28). Básicamente, Él estaba diciendo, "Yo Soy el Rescate". Esa fue Su misión en una sola oración. Él no dijo, "Yo voy a darte un rescate", sino "Yo He venido para dar *Mi vida* como rescate". Debes recordar que tu trabajo es lo que tú eres. Jesús es el rescate. Yo soy un preparador de líderes. *¿Qué eres tú?*

Comienza a soñar. Cierra tus ojos y ve hacia el futuro. Tal vez, estás pensando, "Yo deseo que hubiera conocido esto hace veinte años. Yo hubiera ido mucho más lejos en la vida de donde ahora me encuentro". No es demasiado tarde para hacerlo. Debes decir, "Estoy comenzando hoy mismo. Voy a ir de mi empleo hacia mi trabajo". Deja que Dios te hable acerca de Su propósito para ti.

> **Tú fuiste diseñado para sacar a luz, lo mejor de todo lo que se encuentra bajo tu cuidado.**

Tú no puedes desperdiciar ni un solo día más en un empleo. Tú no quieres desperdiciar los siguientes diez años de tu vida, solo luchando con lo que significa ser un hombre que cumple su propósito. Deja que Dios te muestre otra vez el sueño que habías tirado a la basura. Pídele a Dios que haga brillar en ti, la misma luz con la cual iluminó a Moisés, para que tú también puedas ver y oír tu propósito. Pídele que te muestre aquello que te hace enojar, que es esa cosa que no te deja en paz, la pasión que está en tu corazón. Ninguno de nosotros lo sabemos todo por completo, independientemente de nuestra educación, conocimientos, y experiencia. Necesitamos que Dios nos dirija en nuestro propósito y en nuestra visión. Como un acto de obediencia, ve delante de Dios, y dile, "Dios, conéctame a mi propósito; ánclame a mi destino. Me entrego y me voy a dedicar a leer Tu Palabra para que yo pueda saber Tus mandamientos. Yo quebranto mi ego. Yo humillo mi orgullo delante de Ti. Enséñame quien soy. Dame el deseo de estar en el Edén. Pon en mi, el deseo de estar en Tu presencia. Sin Ti, yo no puedo hacer nada. Yo me someto al Señorío de Jesús. Él sabe lo que existe dentro de mi—esa "semilla" de mi vida. Ayúdame a oír Su voz; háblame otra vez. Revélate a mi. He hecho las cosas a mi manera. He hecho mis propios planes. Pero ahora vengo ante Ti y digo, "Venga Tu Reino, Hágase Tu voluntad. No mi voluntad, sino sea hecha Tu voluntad solamente en mi vida".

Convertirse en un Cultivador

El tercer propósito del hombre es ser un cultivador. Hemos hablado acerca de la función de cultivación del padre anteriormente, pero quiero que te des cuenta completamente, que tú no solo cultivas—tú, por naturaleza, eres un cultivador. Tú eres un cultivador diseñado por Dios. Esto significa que eres una persona que mejora todas las cosas, que optimizas el potencial de las gentes y de los recursos alrededor de ti. Tú fuiste diseñado para sacar lo mejor de todo lo que se encuentra bajo tu cuidado. Esta es la razón por al cual, Dios no te da productos terminados. Por ejemplo, Él no te va a dar un negocio. Al contrario, Él te va a dar una idea y te va a decir, "Quiero que saques lo mejor de esto. Cultívalo". Yo edifique mi organización, comenzando con solo siete personas, llegando a cien trabajadores de tiempo completo, con el potencial de alcanzar millones de gentes, cada semana. La gente ve la organización, tal y como está en la actualidad, pero yo he tenido que cultivarla cada día, durante los últimos treinta años.

Los hombres son cultivadores. Dios escondió productos y recursos en el mundo físico, y observó para ver lo que haríamos con ellos. ¿No sabías tú que el 98 por ciento de todos los inventos han sido hechos por varones? Dios nunca te va a dar un producto terminado. Él te va a dar la materia prima. Dios, ni siquiera te va a dar una mujer terminada por completo. La mujer perfecta que has estado buscando no existe. Muchos hombres se divorcian porque se desilusionan de la mujer con que se casaron. Ellos no entienden que tienes que cultivar a tu mujer. Dios te va a dar una mujer que es "materia prima". Es tu trabajo amarla tal y como Dios la ama, por medio de ayudarla a desarrollar su potencial hasta el máximo, mejorando su situación en la vida, y que ella pueda ser lo mejor que jamás haya podido ser.

> Los hombres han sido diseñados por Dios para ser cultivadores que no solo se sientan pensando en sus buenas ideas, sino que las ponen en práctica.

Cuando me casé con mi esposa, ella era tan tímida que yo tenía que hacerla motivarla para que platicara conmigo. Estando con cuatro gentes al mismo tiempo, era demasiada multitud para ella. Ella tenía miedo de poder expresarse. Cuando descubrí que ser cultivador era parte de mi propósito como marido (padre), yo comencé a desarrollar en ella lo que realmente se encontraba dentro de ella. Hoy en día, mi esposa viaja alrededor de todo el mundo, ministrando y hablando frente a miles de gentes. Esta es la mujer que tenía miedo de estar en una misma habitación con otras cuatro personas. Dios quiere que tú ayudes a tu esposa para que se desarrolle y cumpla los planes que Él tiene para ella.

La Escritura dice,

Maridos, amad a vuestras mujeres, así como Cristo amó a la iglesia y se dio a sí mismo por ella, para santificarla, habiéndola purificado por el lavamiento del agua con la palabra, a fin de presentársela a sí mismo, una iglesia en toda su gloria, sin que tenga mancha ni arruga ni cosa semejante, sino que fuera santa e inmaculada. (Efesios 5:25–27)

Cristo Jesús es un Esposo. El nombre de Su esposa es *Eclesia* (la iglesia, la novia de Cristo). Él la va a ministrar y a desarrollar hasta que ella sea "radiante" y que todo lo que Él desea esté en ella. Él se la va a presentar a Sí Mismo como una novia gloriosa. Esta es la misma forma en que los maridos deben amar a su esposa. En otras palabras, si tú no te sientes orgulloso de tu esposa, tú eres quien está fallando. Si te avergüenzas de tu esposa, entonces, te deberías avergonzar de ti mismo. Mientras más la criticas, más evidencia hay de que tú estás fallando. Al contrario, mientras más tiempo vive tu esposa contigo, ella debería ser mucho mejor. Un buen hombre saca lo mejor que su esposa tiene para dar.

Por lo tanto, los hombres han sido diseñados por Dios para ser cultivadores que no solo se sientan a pensar en sus buenas ideas, sino que las ponen en práctica, y que no se andan quejando acerca de otros, sino que ven el potencial y les ayudan a los demás a llegar a ese potencial. Pídele a Dios que comiences a trabajar en las ideas que Él ha puesto dentro de ti. Dile que te arrepientes por tu flojera, decide hoy mismo comenzar a cultivar tus ideas. Arrepiéntete por haber criticado a tu esposa y a tus hijos. Descubre el potencial que está oculto en ellos y cultiva con amor, todo aquello que Dios ha colocado dentro de ellos.

Ser un Protector

El cuarto propósito de un varón es el hecho de ser un protector. Aunque muchas mujeres sientan que ellas son capaces de protegerse a sí mismas, tú todavía puedes ser llamado a ser el protector de tu familia. Debes recordar que Dios le dijo a Adán que protegiera todo lo que se encontraba en el jardín del Edén. Tú fuiste diseñado para guardar y defender, y para cubrir todo aquello que está bajo tu cuidado y tu esfera de influencia. Esto incluye a tu esposa, tus hijos, tus vecinos, y a tu comunidad.

Muchos hombres no piensan acerca de proteger a otros—ellos piensan solo la forma en que pueden usarlos. Tal y como escribí anteriormente, si tú eres un hombre soltero que estás saliendo con una dama, tú estás supuesto a protegerla, aun de tus propios deseos sexuales. Ella está supuesta a sentirse segura si salen en tu automóvil. Tú estás supuesto a guardar su virginidad, y no a destruirla. Los verdaderos hombres protegen; ellos no seducen.

De nuevo, Dios te diseñó con la fuerza física, a fin de que defiendas a las mujeres, no para que uses tu fuerza como recurso para imponerte a ellas. Este es el abuso de poder. Tú deberías ser el lugar más seguro donde cualquier mujer podría estar.

> **Los hombres están llamados a proteger su familia y su comunidad, de las corrientes destructoras de nuestra sociedad moderna.**

¿Cuántos hombres usan su poder para destruir a las mujeres? ¡Cristo Jesús protegió a las mujeres! Él fue un guardia para ellas. Los niños estaban seguros a Su lado. Él nunca abusó de ellos. Él los bendijo. Un buen hombre siempre deja a una mujer mucho mejor de cómo la encontró cuando la conoció. Haz que este sea el último día que tú abusas de una mujer. Debes decir, "Señor, perdóname por todas las veces que he usado, abusado, y manipulado mujeres. Perdóname, y haz que ellas me puedan perdonar. El día de hoy, y de ahora en adelante, soy un guardián, un protector y un preservador. Amén.

Los hombres han sido llamados para proteger a su familia y a su comunidad, de las corrientes negativas y destructoras de nuestra sociedad moderna. ¿Recuerdas nuestra definición del ancla? Es "un sostén confiable o el sostén principal", "algo que sirve para sostener un objeto firmemente", y, "todo aquello que da estabilidad y seguridad".

Si un barco está a la deriva con una corriente, y tú pones el ancla en una roca firme, entonces, va a detener al barco de estar siendo controlado por esa corriente. Esto es muy importante para los hombres. La corriente de nuestra sociedad moderna está llena con tantas influencias tan fuertes, para hacer todo tipo de cosas malas, que el varón necesita regresar a su familia, poner su ancla en la roca de un principio sólido, y decir, "nosotros no vamos en esa dirección del mundo".

Debes notar que un ancla no detiene la corriente; la corriente va a seguir viniendo. Al contrario, detiene el barco donde tú te encuentras. ¿Cuántas cosas has podido evitar para que no le sucedan a tus hijos? ¿Cuántas cosas has podido evitar para que no le sucedan a tus hijas? Tú ves a tu hija vistiendo cierto tipo de ropa, o viéndose de cierta forma, o tú ves a tu hijo que está mirando algo inapropiado en la Internet, y tú le dices, "no, no en esta casa".

> Necesitamos hombres que conocen la Palabra de Dios, no hombres que conocen todos los nombres de todos los jugadores de su equipo favorito de básquetbol.

Un hombre es un ancla, y un ancla detiene las cosas. Tú sabes que tu hija y tu hijo están siendo enseñados en la escuela que los homosexuales y el lesbianismo son aceptables, y llegan a casa, y comienzan a platicar contigo acerca de si está o no está correcto, y tú, como el padre de su reino tienes que poner el ancla y detenerlos, diciendo, "Eso no es para nosotros". Muchas veces, yo he tenido que decirle a mi hijo y a mi hija, "esa música—no es para esta casa. Ese tipo de ropa—no la usamos en esta casa- Este barco se encuentra bien anclado". Y ellos han pasado a través de las olas turbulentas. Ellos son jóvenes que están bien parados, que no tienen memorias de las cuales tengan que avergonzarse.

Un ancla detiene cosas. Como pastor, tú estás supuesto a ser el ancla de tu iglesia. Cuando cosas divisorias están sucediendo en tu iglesia, y tú sabes lo que está sucediendo, tienes que poner tu pie bien firme y decir, "no en este ministerio". Tú eres el fundamento. Hombres, en cualquier área o situación en que se encuentren—en el hogar, en la iglesia, la escuela, el trabajo, o dentro de la comunidad—tú has sido diseñado para proteger a todos aquellos que están alrededor de ti—los débiles, los vulnerables, los oprimidos, las mujeres, los niños, tus hermanos. Un verdadero hombre es un hombre protector.

Ser un Maestro

En quinto lugar, el propósito del varón es enseñar las instrucciones que Dios le dio. Tal y como lo escribí anteriormente, necesitas aprender la Palabra de Dios, para que puedas estar en una posición que te permita enseñar. Cualquier cosa a la que Dios te llama, Él provee para ello. Cualquier cosa que Dios crea, Dios le da la capacidad para cumplir con su correspondiente función. Dios te creó con las características de maestro. Los hombres en todos los países están capacitados para ser maestros. El problema es que muchos de ellos no saben las lecciones.

Tú eres el maestro de tu hogar. Tú eres quien está supuesto a tener la información, y la instrucción. Todo comienza contigo. Esto significa que tienes que oír de Dios en primer lugar. Tal vez, tú nunca has leído la Biblia. Tal vez has leído unos pocos versículos del libro de los Salmos, pero nunca has leído la Biblia desde Génesis hasta Apocalipsis. ¡Tienes cuarenta años de edad, y tú nunca has leído la Biblia, pero estás intentando ser la cabeza de tu hogar!

¿Puedes enseñarle a tu mujer la Palabra de Dios? ¿Conoces suficiente de la Palabra de Dios para poder ser el maestro de tus hijos? Si la respuesta es no, entonces, ocúpate y dedícate a leer el Nuevo testamento primeramente. Necesitamos hombres que conocen la Palabra de Dios, y no solo hombres que se saben todos los nombres de su equipo favorito de básquetbol, o los resultados del fútbol. Tú si sabes quien fue escogido como jugador de tu equipo favorito, pero no sabes quien es Malaquías, o porque este libro de la Biblia es tan importante.

Debes darte cuenta que naciste para ser un maestro. Por eso es que odias cuando vas manejando, y estás tratando de encontrar

encontrar cierto lugar, y tu esposa está diciendo, "creo que deberíamos dar vuelta en esta esquina", y tú dices, "cállate, yo soy quien está manejando". Ella dice, "creo que nos pasamos de la entrada a la carretera", y tú le dices, "yo soy quien está manejando". Sí hombres, nosotros estamos manejando. Después de veinte horas, finalmente, damos la vuelta y decimos, "tú sabes, creo que perdimos la salida en algún lado". Y entonces añadimos, "Ni siquiera te atrevas a decir "te lo dije". Aun en las ocasiones cuando nos portamos estúpidamente, no queremos ser enseñados. Cuando un hombre no sabe, él tampoco quiere que tú le digas que no lo sabe. Solo quiere ser un tonto sofisticado.

Quiero retarte para que leas y estudies. Yo leo cuatro libros en un mes, porque soy el fundamento y el ancla de mi hogar. En un sentido, tengo "dos casas": mi hogar y mi iglesia. Tengo una casa con dos mil gentes en ella cada semana. Cuando estoy en la televisión, mi casa tiene 1.8 millones de gentes en ella. Tengo una casa bien grande; tengo que leer mucho más, porque ellos escuchan mi instrucción, y yo tengo que saber lo que estoy diciendo.

Las Marcas de un Hombre con Propósito

Para resumir todo, aquí están las marcas que tiene un hombre que vive con un propósito.

- Él ama el jardín del Edén. Él *ama* la presencia de Dios. Él posee una verdadera auto-imagen basada en su conocimiento de que Dios lo creó a Su propia imagen. Él sabe quien es él.

- Él desea trabajar. Si tú llegas a conocer un hombre que no desea trabajar, entonces, no es un verdadero hombre, ni un hombre de propósito.

- Él es capaz de cultivar.

- Él se dedica a proteger todo aquello que está bajo su cuidado.

- Él conoce la Palabra de Dios, y la enseña.

Qué maravillosa panorámica de lo que un verdadero hombre es—y que clase de imagen de paternidad, reflejando a Dios el Padre celestial. Si yo fuera una mujer, yo me casaría con ese hombre de inmediato. Él sabe quien es, donde está, y que es lo que está supuesto a hacer. Él es capaz de cultivar, es capaz de proteger, y es capaz de enseñar la Palabra de Dios. Este es el tipo de hombre que toda mujer está buscando. Muchas mujeres se encuentran confusas en la actualidad, porque no pueden encontrar a este tipo de hombre. Ellas conocen hombres que tienen trabajos que les pagan mucho dinero, usan ropa muy cara, y son dueños de casas y autos muy costosos, pero que no conocen aquello que realmente es importante. Conocen hombres que han estado vagando sin ningún objetivo en la vida, y que son incapaces de sostenerse a sí mismos, porque no tienen ningún propósito claro.

> Solo en tu Creador, vas a descubrir tu verdadera imagen y tu propósito.

Las mujeres están preguntando, "¿qué está sucediendo?"

Quiero verte cambiando todas las cosas en tu vida, en tu familia, tu trabajo, ministerio, y en tu comunidad, por medio de entender y cumplir el propósito que Dios te dio. Vas a descubrir tu verdadera imagen y propósito, solo a través de tu Creador.

Ahora vamos a ver nuestro tema final de *Principios de la Paternidad*—siendo padre para aquellos que son huérfanos de padre.

PRINCIPIOS DEL CAPÍTULO

1. La única manera en que un hombre puede descubrir y vivir su naturaleza de paternidad inherente, en tiempos de cambios sociales, es por medio de mantenerse enfocado en el propósito que Dios le dio, en lugar de enfocarse en las funciones que se relacionan a ciertas culturas o tiempos en la historia.

2. Los cinco propósitos vitales del varón son (1) morar en la presencia de Dios, (2) manifestar lo que Dios puso dentro de ti, (3) ser un cultivador, (4) ser un protector, y (5) ser un maestro.

3. Cuando un hombre entra en la presencia de Dios, él comienza a funcionar otra vez.

4. El trabajo revela el potencial que Dios ha puesto dentro de ti. Tú naciste con algo "atrapado" dentro de ti, y que está supuesto a beneficiar al mundo.

5. Dios no les da a los varones el producto terminado, sino la materia prima para que la puedan cultivar.

6. Los hombres han sido diseñados para guardar, defender, y cubrir todo aquello que está bajo su cuidado, y dentro de su esfera de influencia.

7. El varón debe conocer la Palabra de Dios, para poder enseñar las instrucciones que Dios le haya dado.

Capítulo 12

SIENDO PADRE PARA AQUELLOS QUE SON HUÉRFANOS DE PADRE

Yo oro para que los padres que lean este libro, reciban el Espíritu del Padre—no solo para su propia familia, sino también para la iglesia y para nuestra cultura. El espíritu de un padre es la consciencia de que todos alrededor de un padre están bajo su responsabilidad.

Tal y como vimos en Génesis, la mujer y la familia vinieron o salieron del hombre. Por lo tanto, cada mujer y cada hijo o hija que un padre llega a encontrar, se convierten en su responsabilidad, si estos se encuentran sin padre alguno. Los padres que caminan de acuerdo al propósito de Dios deben convertirse en padres de sus comunidades y naciones. Existen muchas mujeres que tienen maridos que no están funcionando en su vida como su fuente de recursos y como su sostén. Existen muchos hijos e hijas que solo tienen un padre biológico, pero no un verdadero padre. Por lo tanto, nosotros, como padres cristianos, debemos asegurarnos de tomar responsabilidad, por medio de orar por estas familias, y por medio de apoyarlas en muchas otras maneras, para que puedan ser restauradas dentro del plan que Dios el Padre Celestial preparó para ellos.

También existen mujeres y niños que han perdido maridos y padres debido al divorcio o a la muerte. Santiago escribió lo siguiente, *"La religión pura y sin mácula delante de nuestro Dios y Padre es ésta: visitar a los huérfanos y a las viudas en sus aflicciones, y guardarse sin mancha del mundo"* (Santiago 1:27). Todos aquellos que se encuentran huérfanos de padre, deberían recibir la paternidad a través de hombres cristianos, que puedan entrar a suplir esta necesidad, para poder cultivarlos.

David declaró, *"Padre de los huérfanos y defensor de las viudas es Dios en su santa morada. Dios prepara un hogar para los solitarios; conduce a los cautivos a prosperidad; sólo los rebeldes habitan en una tierra seca"* (Salmo 68:5–6). ¿Cuál es la familia donde Dios va a colocar a los huérfanos? Es Su familia, la iglesia. Tenemos que ir por todos lados donde haya huérfanos, y convertirnos en el padre y la familia que ellos necesitan. Si tú eres una mujer viuda o divorciada, yo te animo para que encuentres una iglesia que predique la Palabra de Dios, y que tenga hombres y mujeres consagrados a Dios, que puedan fortalecerte, no solo a ti, sino también a tus hijos en los caminos de Dios, y que puedan convertirse en una familia para ti.

Existe una parábola de paternidad en Mateo 25, donde Jesús revela que aquellos que verdaderamente Lo siguen, van a ser padres para todos aquellos que están en la cárcel, sufriendo hambres, desnudos, sedientos, enfermos, y extranjeros en tierra ajena. Hombres, si nos convertimos en padres para cada uno de éstos, estaremos ministrando verdaderamente al Señor Mismo.

Muchos de los que se encuentran en la cárcel, son hombres que nunca tuvieron un padre como el Padre Celestial. ¿Cómo podemos sanar esto? Los padres devotos deben salir y convertirse en padres para todos ellos. Recuerda una vez más la profecía para nuestros días que se encuentra en el libro de Malaquías 4:6: *"El hará volver el corazón de los padres hacia los hijos, y el corazón de los hijos hacia los padres, no sea que venga yo y hiera la tierra con maldición".* Cuando los padres devotos, que sí caminan conforme al propósito de Dios, fallan en ser padres para los huérfanos en una sociedad, una maldición viene sobre esa tierra. La Escritura nunca menciona el hecho de volver el corazón de los hijos hacia las madres, porque nuestro más grande problema es un problema de padres.

Debemos incorporar las funciones bíblicas de la paternidad en nuestra vida, para que finalmente podamos entender y cumplir nuestra verdadera prioridad, posición, y función como varones. Dios el Padre es nuestra Fuente de Recursos. Multitudes completas de hombres necesitan regresar a Dios el Padre, para que el corazón de los hijos pueda volverse hacia sus padres y hacia Dios. Necesitamos hombres del Espíritu Santo que sean responsables como progenitores y como proveedores para las futuras generaciones, y hombres que, son padres dispuestos a sostener a su descendencia.

> La familia donde Dios coloca a los huérfanos es Su familia—que es la iglesia.

Mi amigo Jesse Duplantis me contó una historia acerca de cuando él estaba esperando en medio del tráfico a que cambiara la luz roja del semáforo en Louisiana, y un hombre se acercó a su automóvil. Este hombre se veía terrible, y tenía ropas muy sucias, y llevaba consigo un pedazo de cartón que decía AYUDE A LOS POBRES. El Espíritu Santo le habló a Jesse y le dijo, *¿Por qué crees que este hombre está pobre?* Él contestó, *"tal vez no puede encontrar un trabajo, o tal vez tiene problemas físicos.* El Espíritu Santo le dijo, *No. Este hombre está en las calles hoy en día, debido a malas relaciones familiares.* Cuando él me contó esta historia, mi vida fue cambiada. Yo vengo de una familia de siete hijos, y mi padre ahora está en sus años ochentas. Yo decidí que nadie de mi familia jamás iba a mendigar, en tanto que yo viviera. En otras palabras, hasta en tanto exista el hombre de la casa, nadie va a salir a mendigar a las calles.

Como padre—igual al Padre Celestial—debes recordar que todo hijo o hija que encuentres es tu responsabilidad. Debes sostenerlo y orar por el padre de ese hijo o hija, o debes convertirte en un padre para ellos, si acaso son huérfanos. Cada mujer que llegas a conocer está bajo tu responsabilidad; debe ser tratada con dignidad y con respeto, cada anciano o anciana que llegues a conocer está bajo tu responsabilidad, debe ser tratado como a ti te gustaría que trataran a tus propios padres.

Este libro es un llamado con trompetas para que todos los hombres se conviertan en los padres que Dios el Padre diseñó. Es tiempo que los padres contesten al llamado, para ser responsables por los huérfanos en sus iglesias, comunidades y naciones. Si el varón no sostiene como un ancla, la sociedad se va a la deriva, y se estrella en las rocas de la inmoralidad y de los valores perdidos, y entonces, perdemos la visión y el destino del país, y de los programas y recursos de la comunidad. Todo se viene abajo cuando el ancla no está sosteniendo.

En África, existe un concepto muy conocido que se ha hecho muy familiar para todos nosotros: "se requiere de toda una ciudad para poder criar a un niño o a una niña". Este concepto también lo podemos encontrar en la Biblia:

Pues así como en un cuerpo tenemos muchos miembros, pero no todos los miembros tienen la misma función, así nosotros, que somos muchos, somos un cuerpo en Cristo e individualmente miembros los unos de los otros. (Romanos 12:4–5)

Pero queriendo él justificarse a sí mismo, dijo a Jesús: Y, ¿quién es mi prójimo? Respondiendo Jesús, dijo: Cierto hombre bajaba de Jerusalén a Jericó, y cayó en manos de salteadores, los cuales después de despojarlo y de darle golpes, se fueron, dejándolo medio muerto. Por casualidad cierto sacerdote bajaba por aquel camino, y cuando lo vio, pasó por el otro lado del camino. Del mismo modo, también un levita, cuando llegó al lugar y lo vio, pasó por el otro lado del camino. Pero cierto samaritano, que iba de viaje, llegó adonde él estaba; y cuando lo vio, tuvo compasión, y acercándose, le vendó sus heridas, derramando aceite y vino sobre ellas; y poniéndolo sobre su propia cabalgadura, lo llevó a un mesón y lo cuidó. Al día siguiente, sacando dos denarios, se los dio al mesonero, y dijo: "Cuídalo, y todo lo demás que gastes, cuando yo regrese te lo pagaré." ¿Cuál de estos tres piensas tú que demostró ser prójimo del que cayó en manos de los salteadores? Y él dijo: El que tuvo misericordia de él. Y Jesús le dijo: Ve y haz tú lo mismo. (Lucas 10:29-37)

Toda la comunidad es responsable por cada persona, y el destino de cada persona toma forma a través de toda la comunidad. Tenemos una responsabilidad corporativa de convertirnos en padres para todos aquellos que no tienen un padre. No estamos solos en esta tarea, Juntos, somos una comunidad de fe; somos la iglesia, que es la familia de Dios, y en donde cada miembro sostiene y cuida a los demás miembros.

Yo creo que la iglesia debería ser la más grande y magnánima "agencia de adopciones" en este siglo veintiuno.

> La paternidad de acuerdo al propósito de Dios, es la clave para esta generación y para las venideras.

La forma como tú cambias una nación, no es atacando a su gobierno, sino por medio de ser un verdadero padre para tus hijos, y para todos aquellos que son huérfanos de padre. Esta es la forma como Dios lo hizo en toda situación. La paternidad de acuerdo al Propósito de Dios es la clave para esta generación y para todas las generaciones venideras.

Considera este pensamiento final: El Hijo de Dios entró en este mundo, y tuvo que ser adoptado por un padre terrenal—que fue José. José pudo haber rechazado a María, por supuestamente haberle sido infiel, y haber quedado embarazada por otro hombre, pero no lo hizo. Él creyó lo que Dios le dijo por medio del ángel. Con un gran riesgo, y con gran sacrificio personal, José dio el paso en forma muy responsable, y se convirtió en el padre terrenal de Jesús, el Salvador de todo el mundo.

Padres, deben ser como el Padre Celestial para la familia que cada uno de ustedes tiene, y para sus comunidades, y naciones. Pídele a Dios que llene cualquier vacío que haya en tu vida, y que tu padre terrenal no pudo llenar. Perdona a tu padre terrenal si él no estuvo ahí para apoyarte, o si fue una persona alcohólica o si fue abusivo contigo. Ve hacia tu Padre Celestial, y deja que Él se convierta en tu Fundamento Fuerte, en tu Ancla Segura, para que tú puedas traer sanidad a la tierra, restaurando individuos y familias. Entonces se van a levantar las generaciones futuras y van a dar gloria a nuestro Padre Celestial.

PRINCIPIOS DEL CAPÍTULO

1. El espíritu de un padre es la consciencia de que todos alrededor de un padre son su responsabilidad.

2. Los padres que caminan conforme al propósito de Dios se convierten en padres de sus comunidades y naciones.

3. Como padres cristianos, debemos ir dondequiera que se encuentren los huérfanos, y debemos convertirnos en padres y en familias para ellos.

4. Cuando incorporamos las funciones de la paternidad en nuestra vida, finalmente vamos a entender nuestra verdadera prioridad, posición, y función como varones.

5. Siendo un padre para tu familia, comunidad y nación, como Dios el Padre Celestial, vas a ayudar a traer sanidad a tu tierra, y las generaciones futuras se van a levantar, y van a dar toda la gloria a nuestro Padre Celestial.

DR. MYLES MUNROE

E l Dr. Myles Munroe es un orador internacional multi-dotado, autor de libros best-sellers, maestro, educador, consultor gubernamental, consejero y hombre de negocios que toca temas críticos que afectan todas las áreas del desarrollo humano, social y espiritual. Viajando extensamente alrededor del mundo, el tema central de su mensaje es el desarrollo del liderazgo, así como el descubrimiento del destino y del propósito personal y la realización máxima del potencial del individuo, que es transformar seguidores en líderes, y a los líderes en agentes de cambio.

El Dr. Munroe es fundador y presidente de Bahamas Faith Ministries International (BFMI), que es una red de ministerios con sus oficinas en Nassau, Bahamas. El también es presidente y director ejecutivo de la Asociación Internacional de Líderes del Tercer Mundo, la Asociación de Medios de Comunicación de la Asociación Internacional de Líderes del Tercer Mundo.

El Dr. Munroe también es el fundador, productor ejecutivo y anfitrión principal de un número de programas de radio y de televisión que están en el aire a través de todo el Caribe y el mundo. El Dr. Munroe es un autor y escritor que ha contribuido para varias ediciones de la Biblia, para revistas y para reportes, incluyendo entre otros *The Believer's Topical Bible, The African Cultural Heritage Topical Bible, Charisma Life Christian Magazine* y *Ministries Today.* Es un popular autor de más de cuarenta libros, sus obras incluyen entre otras, *La Persona Más Importante en la*

Tierra, El Espíritu del Liderazgo, Los Principios y el Poder de la Visión, Entendiendo el Propósito y el Poder de la Oración, Entendiendo el Propósito y el Poder de la Mujer, y *Entendiendo el Propósito y el Poder del Hombre.*

El Dr. Munroe ha cambiado la vida de multitudes alrededor del mundo con un poderoso mensaje que inspira, motiva, reta, e imparte poder a la gente, para que puedan descubrir su propósito personal, desarrollar su verdadero potencial, y manifestar sus habilidades únicas de liderazgo. Por más de treinta años, él ha entrenado decenas de miles de líderes en los negocios, la industria, la educación, el gobierno, y la religión. Él personalmente alcanza a más de 500,000 personas cada año en un desarrollo personal y profesional. Su mensaje y su llamamiento trascienden razas, edades, culturas, credos, y antecedentes económicos.

El Dr. Munroe ha obtenido título y maestría en la Universidad Oral Roberts en Tulsa, Oklahoma, E.U.A. y ha sido premiado con un número de distinciones honorables a nivel doctorado. Él también ha servido como profesor adjunto de la Escuela de Graduados de teología de la Universidad Oral Roberts.

El Dr. Munroe y su esposa Ruth, viajan como un equipo y están involucrados en seminarios de enseñanza, los dos juntos. Ambos son líderes que ministran con un corazón sensible y con una visión internacional. Son los padres orgullosos de dos hijos, Charisa y Chairo (Myles, Jr.).